上海人

斎門富士男

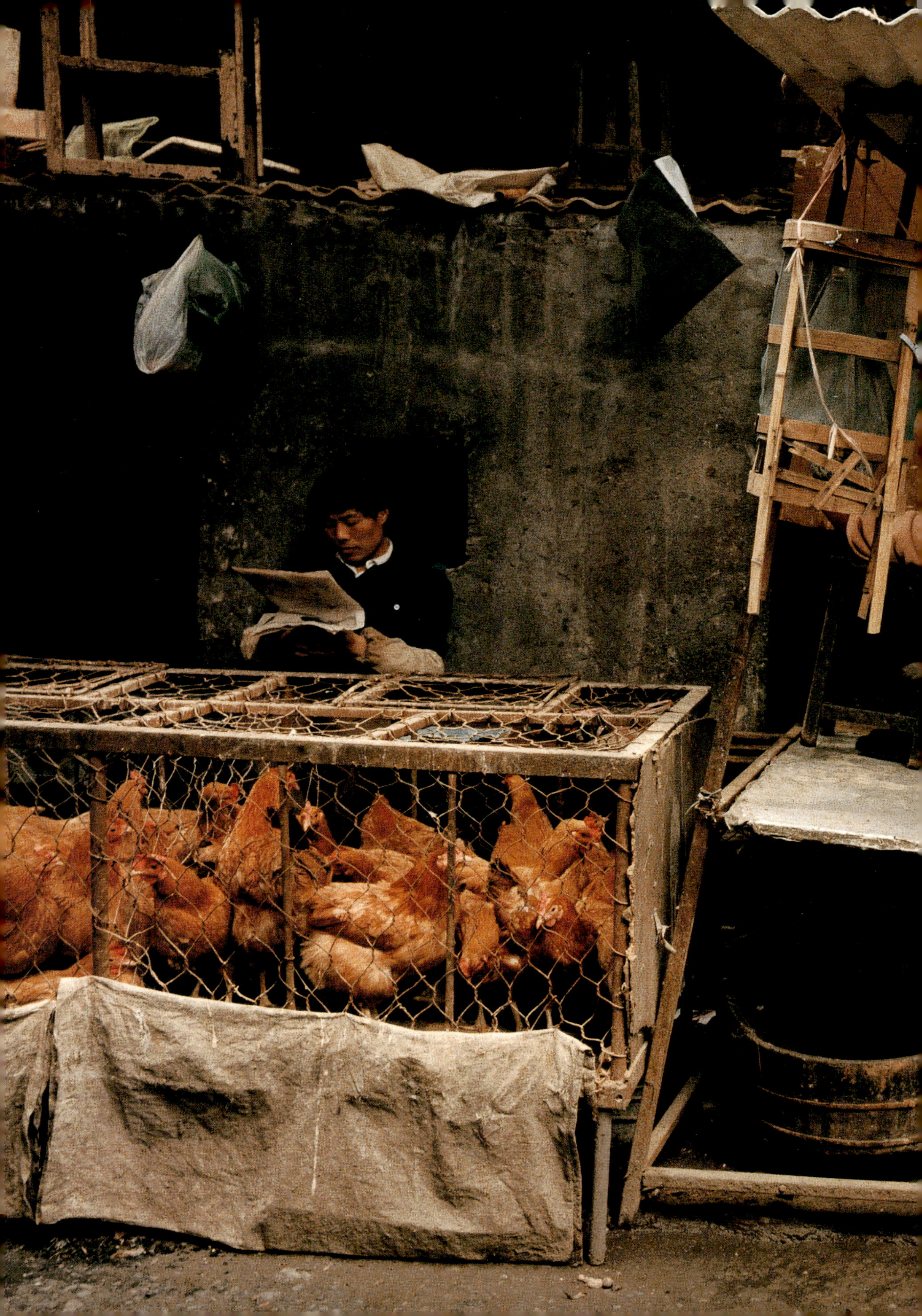

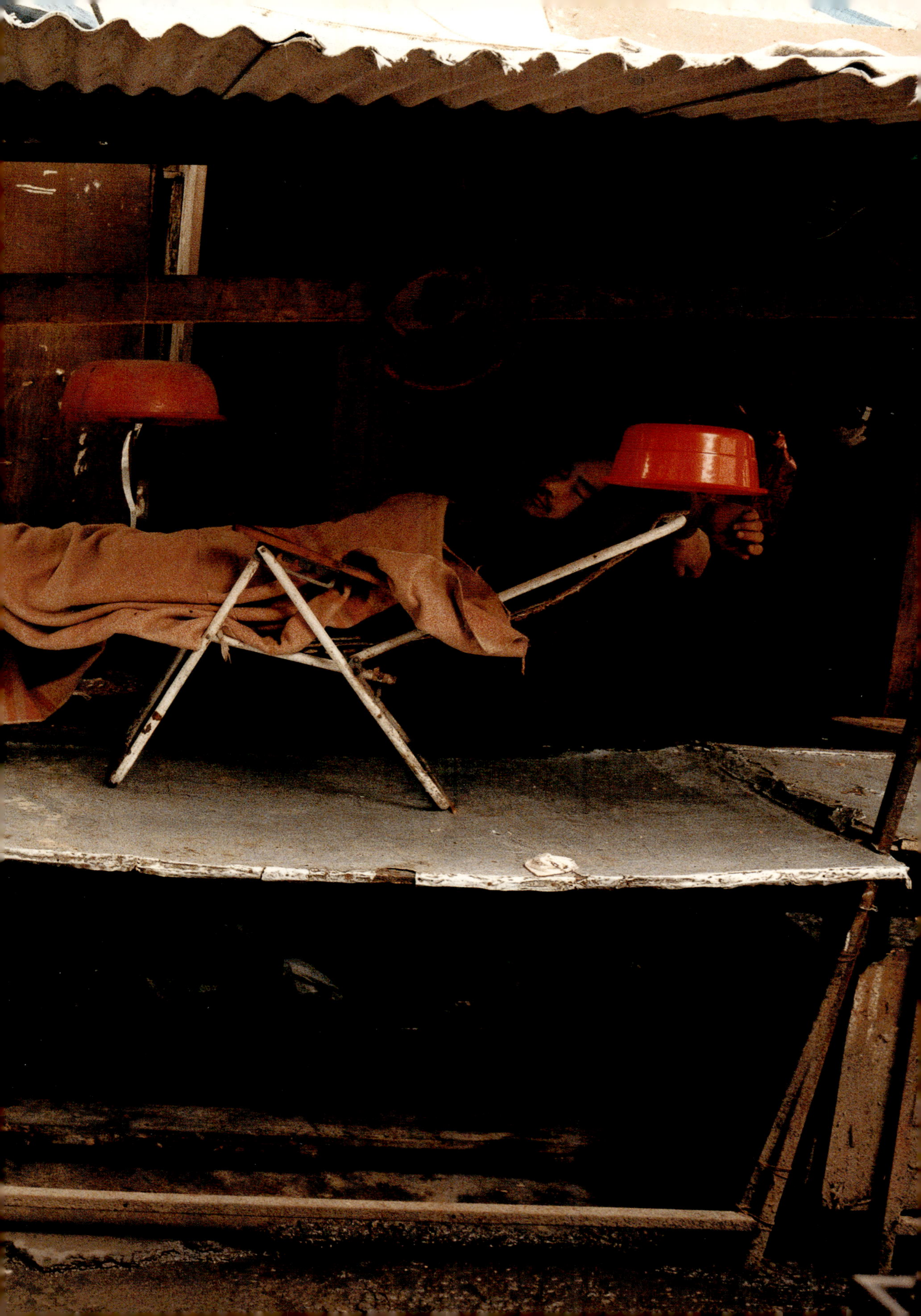

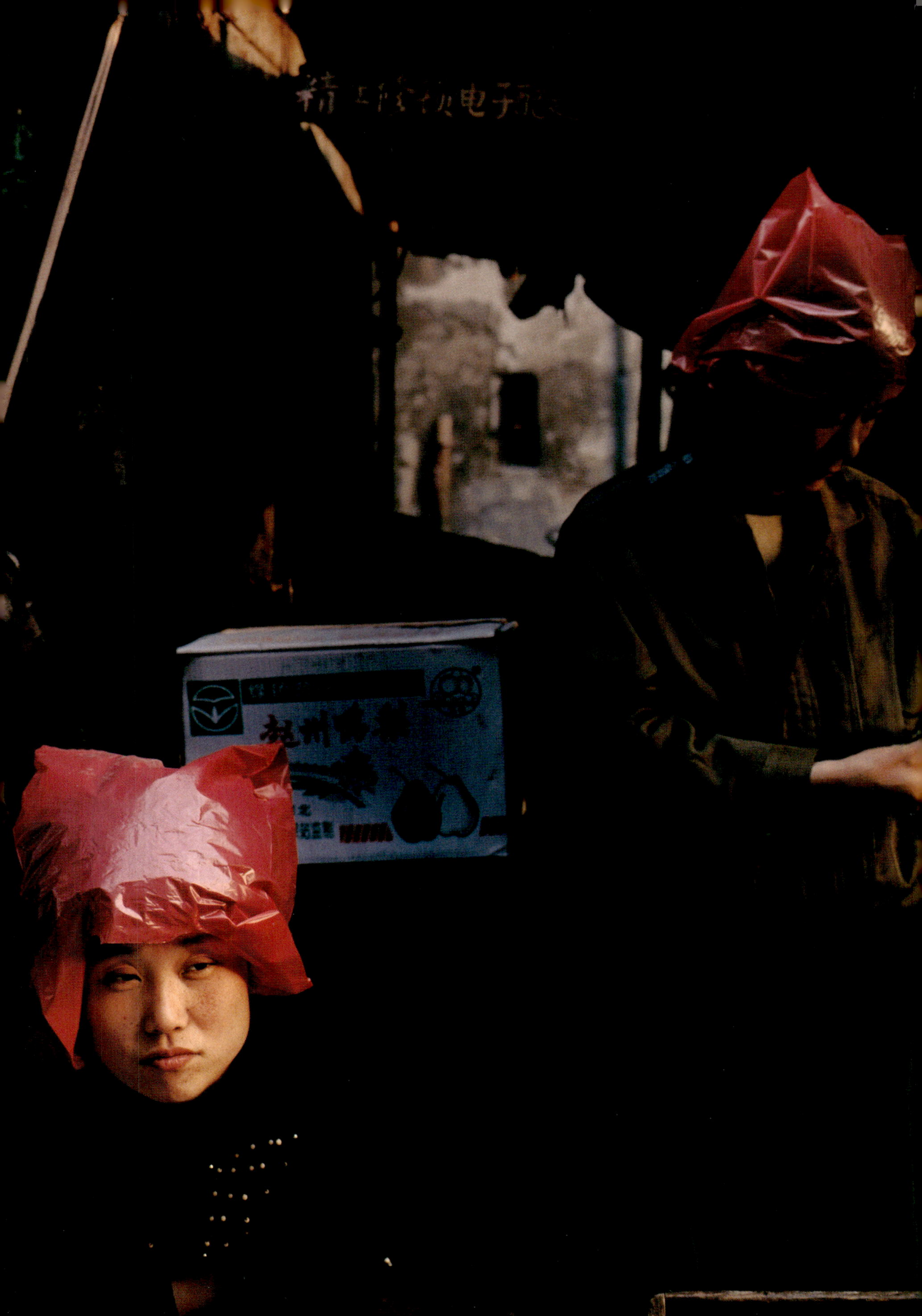

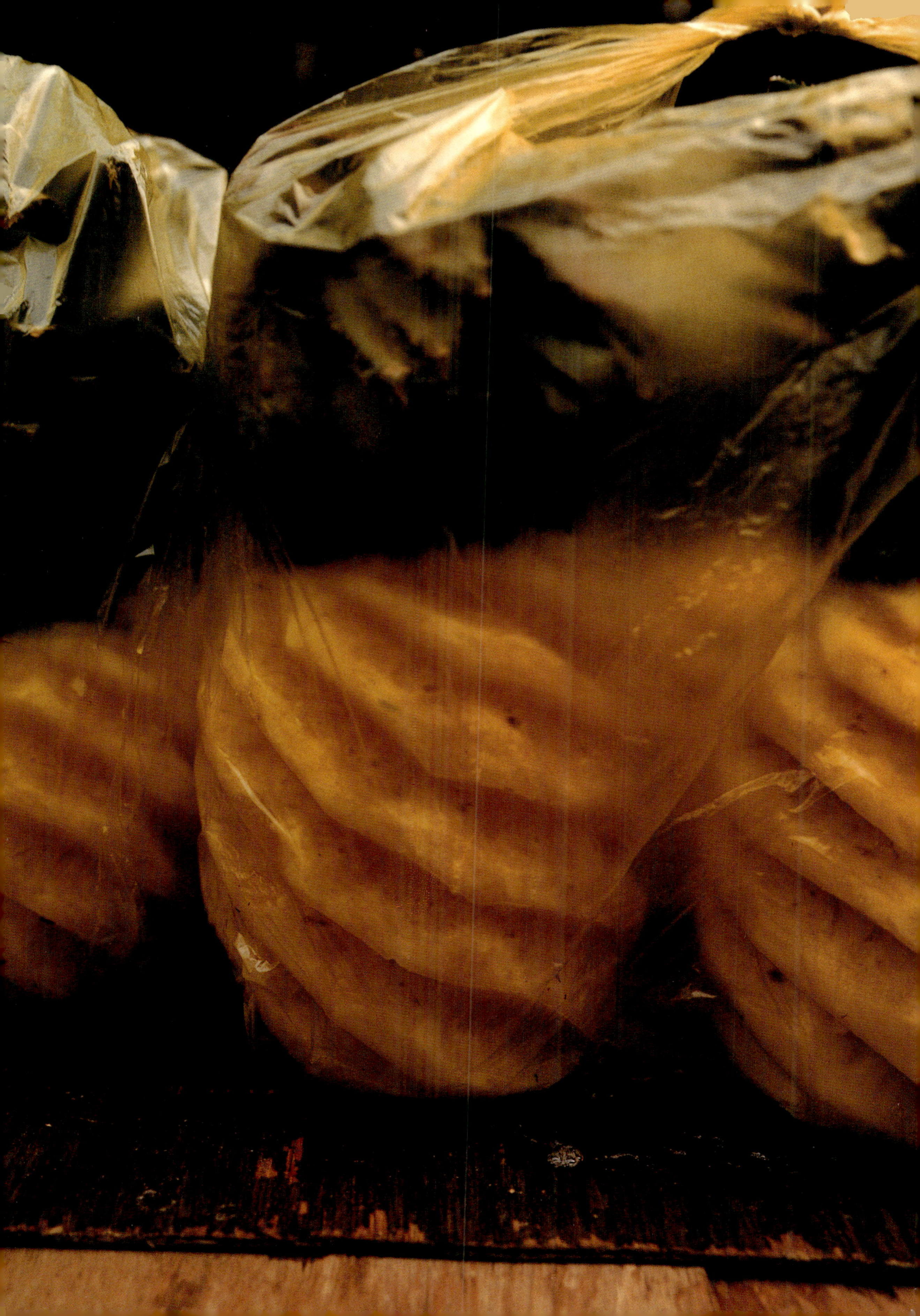

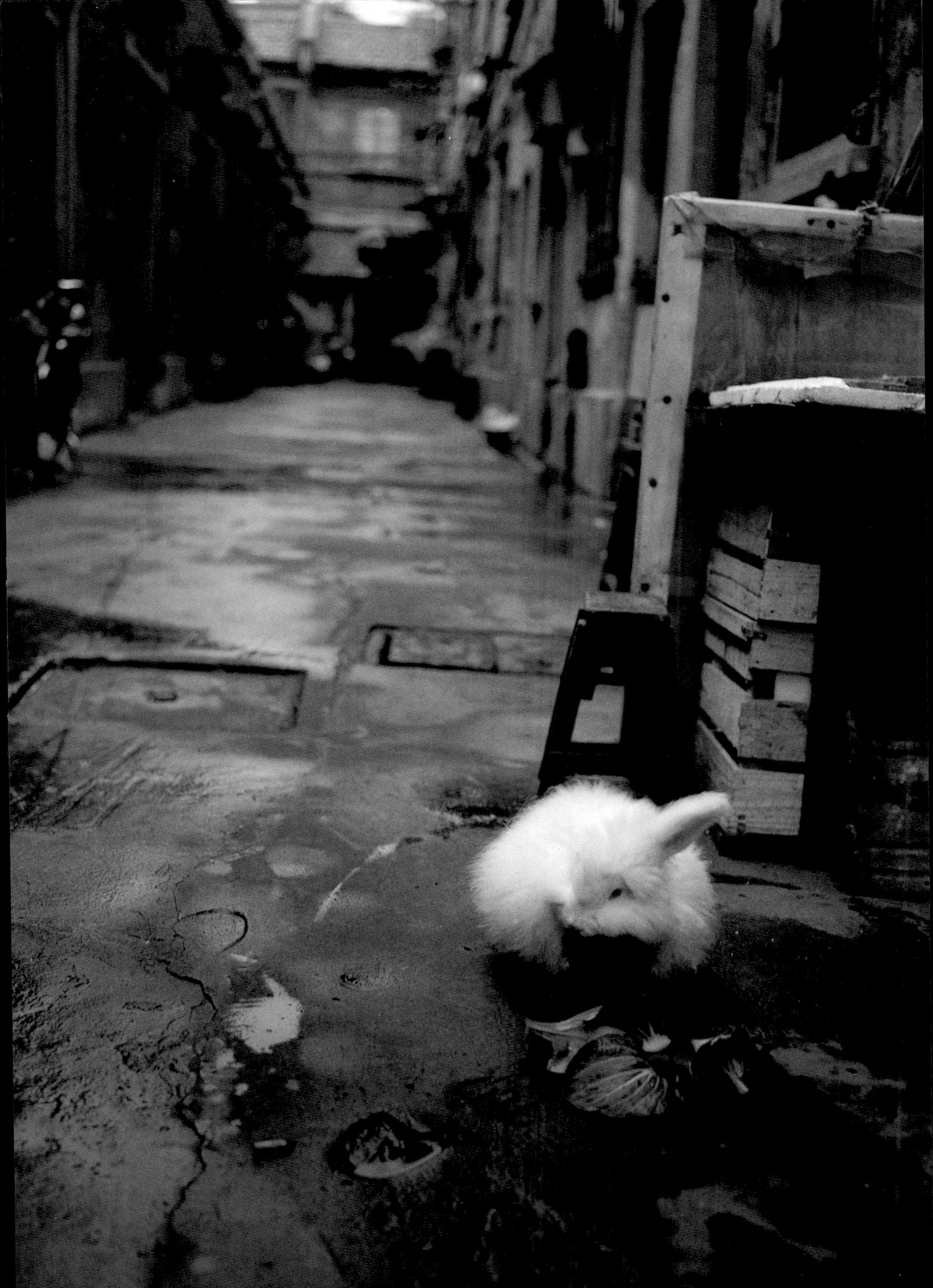

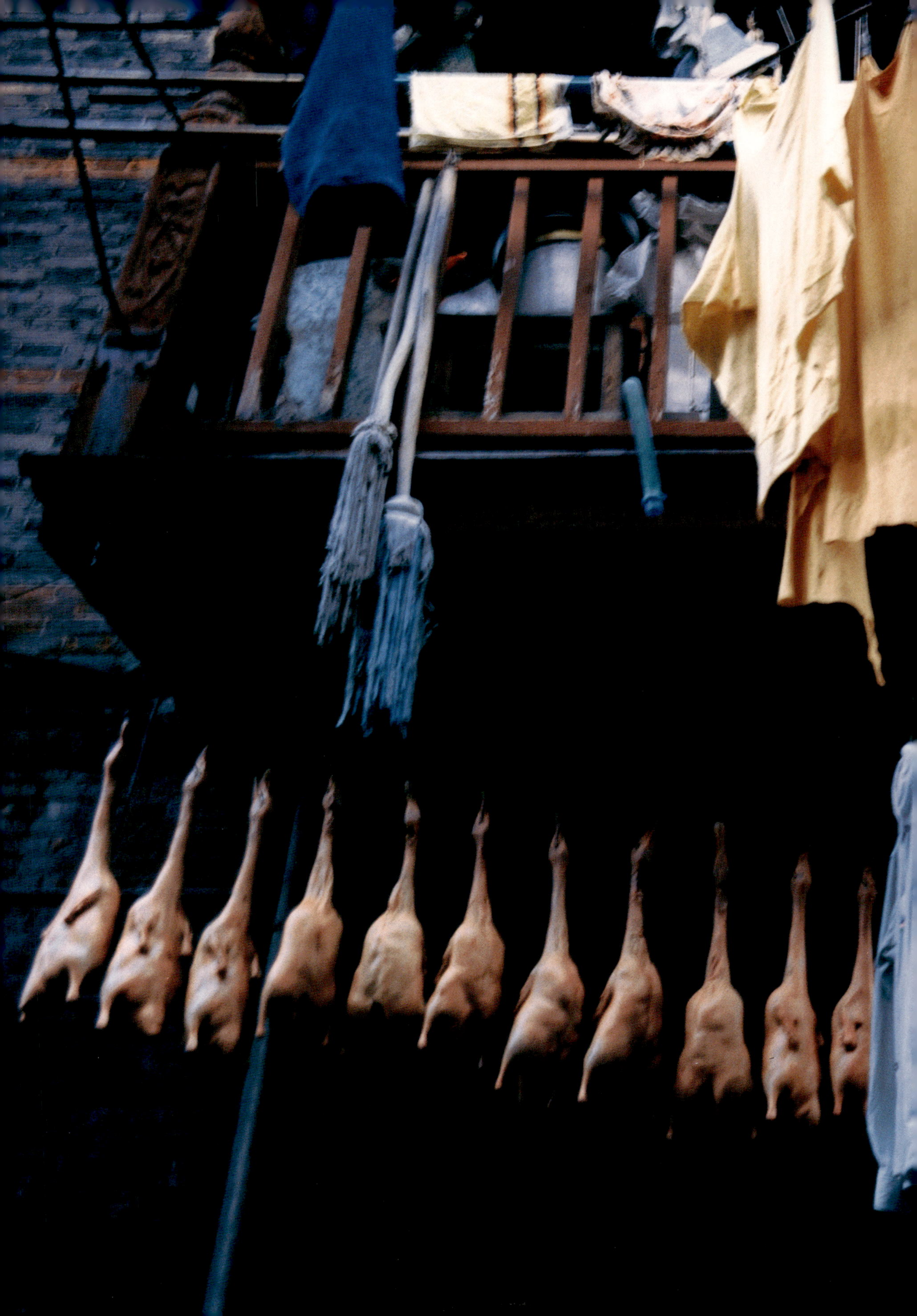

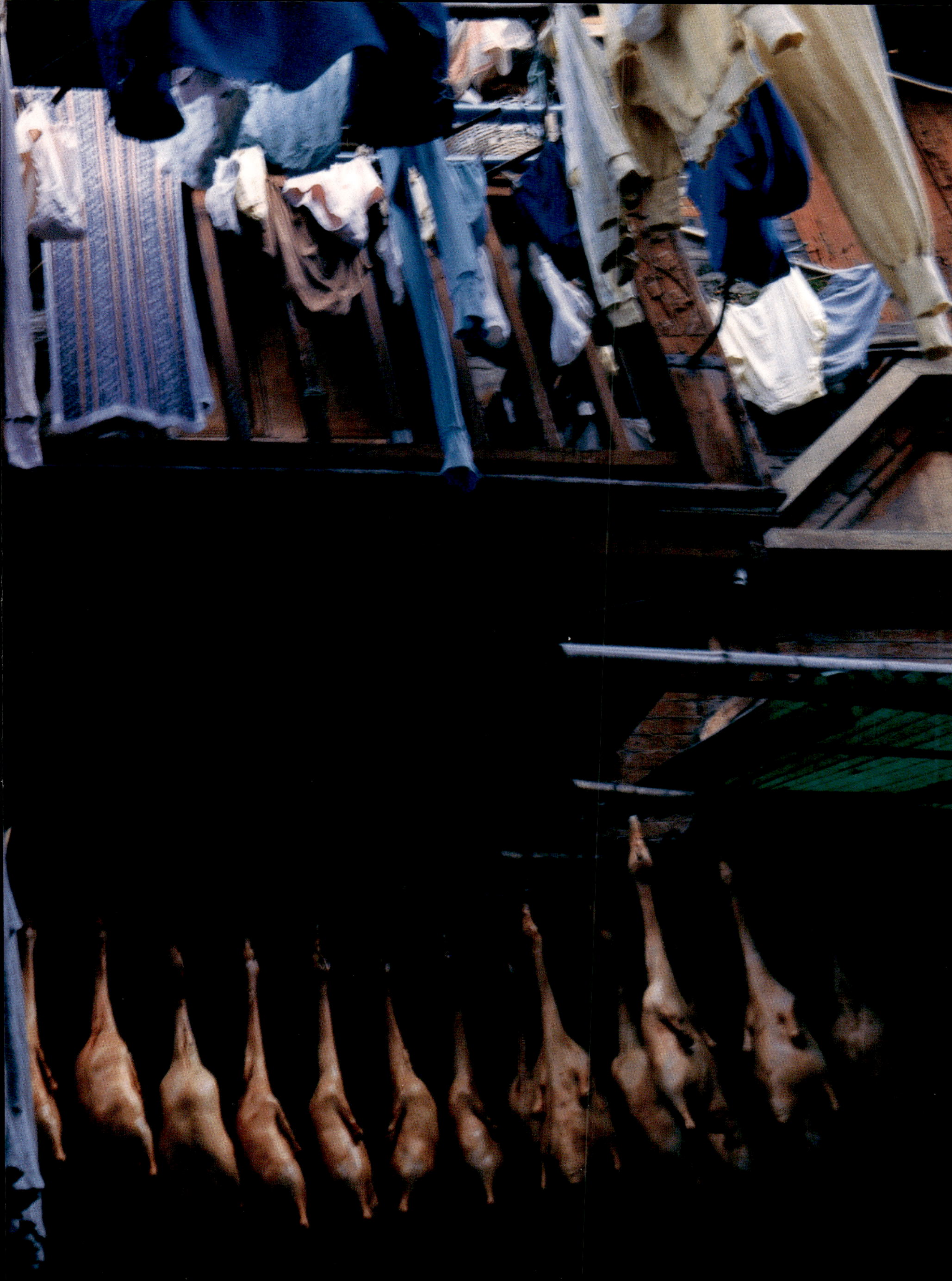

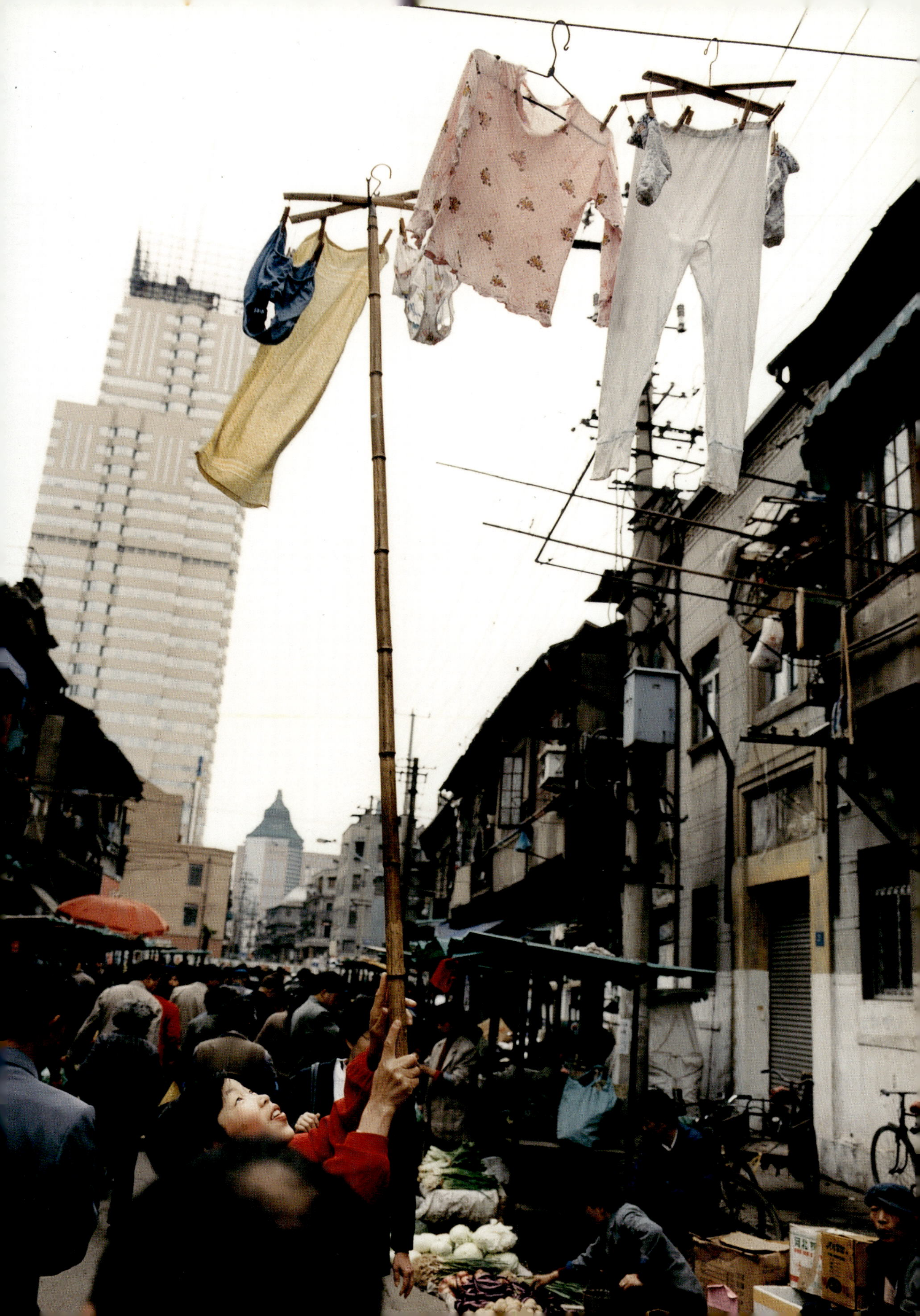

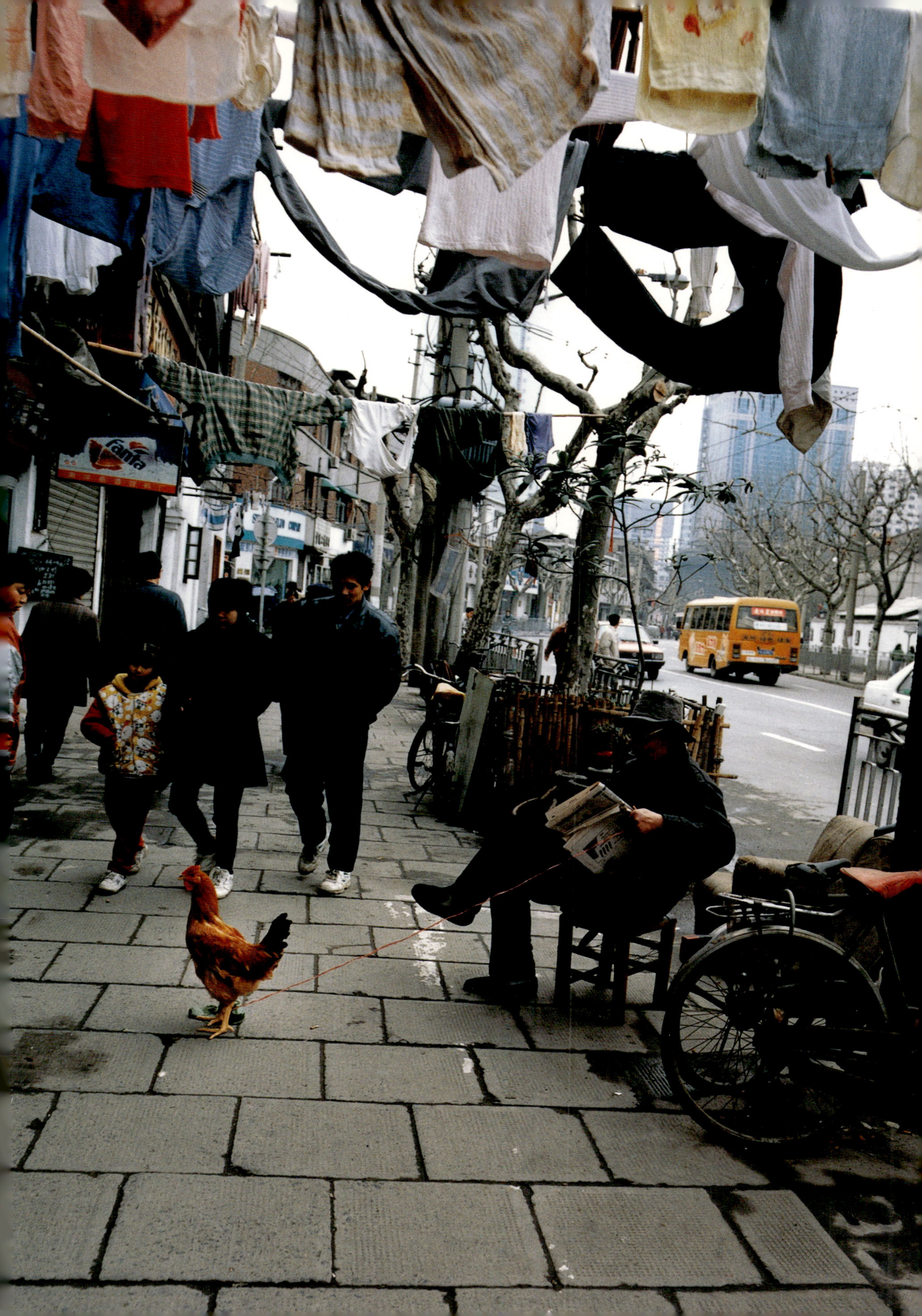

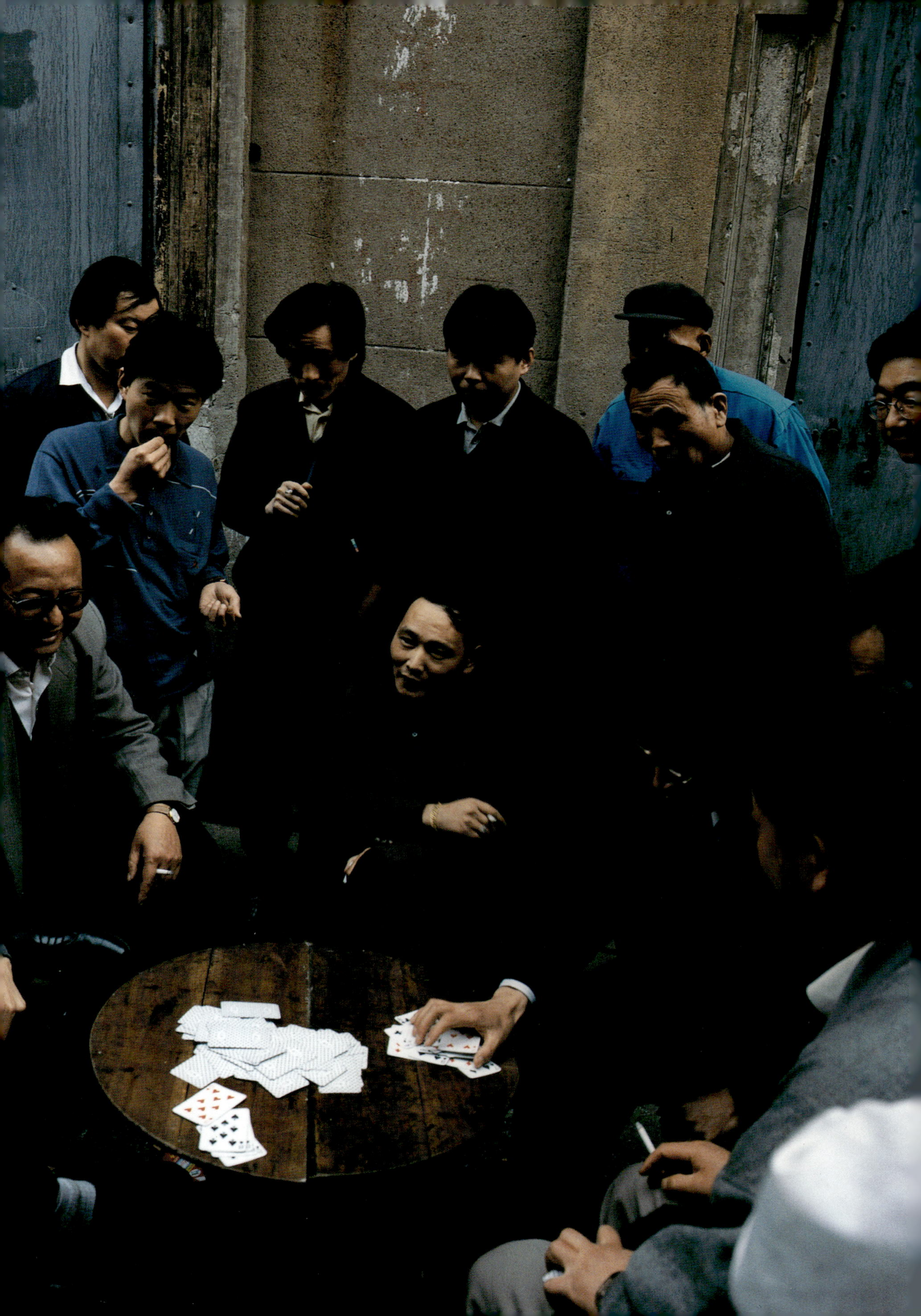

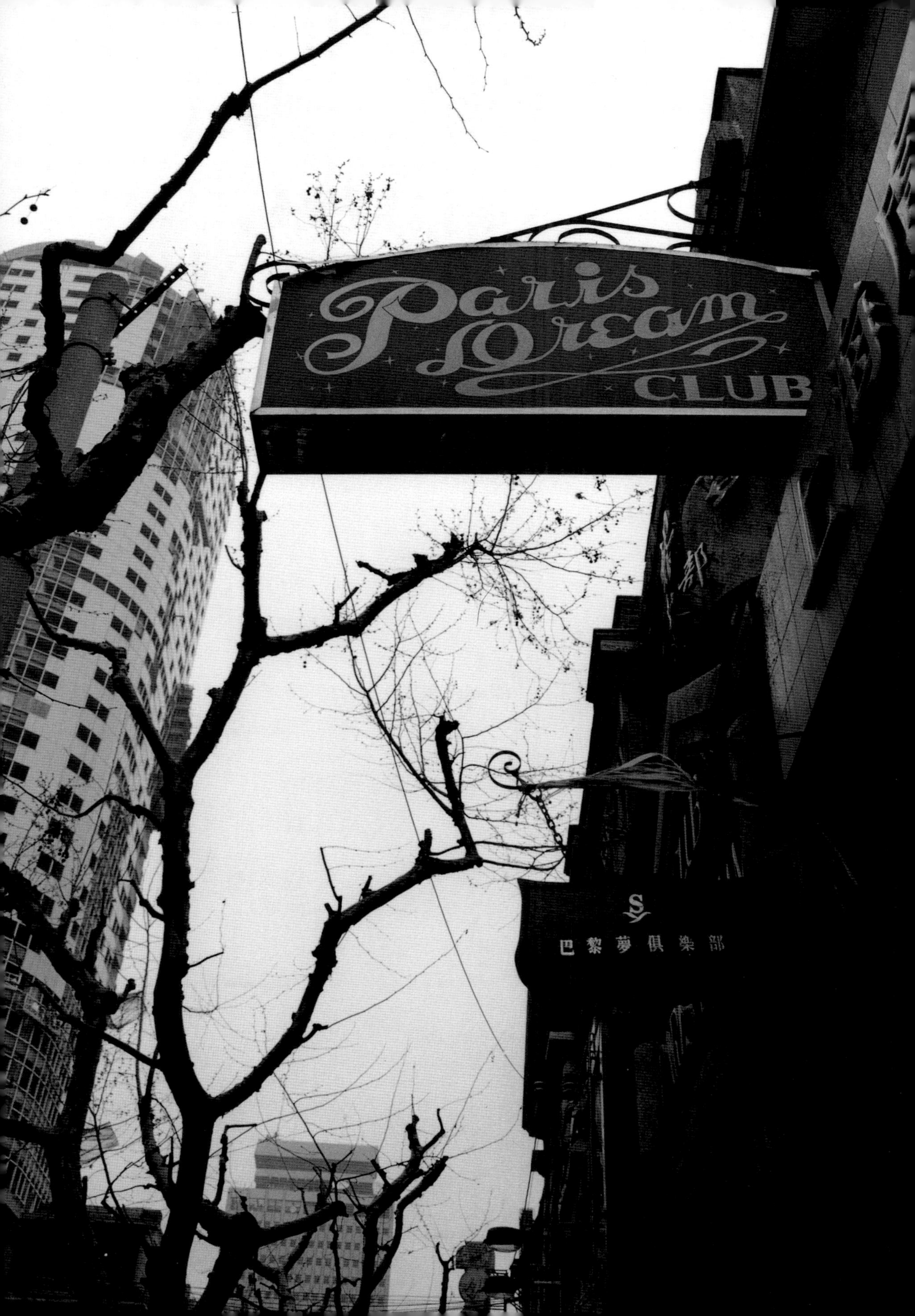

Paris Dream
CLUB
巴黎夢倶楽部

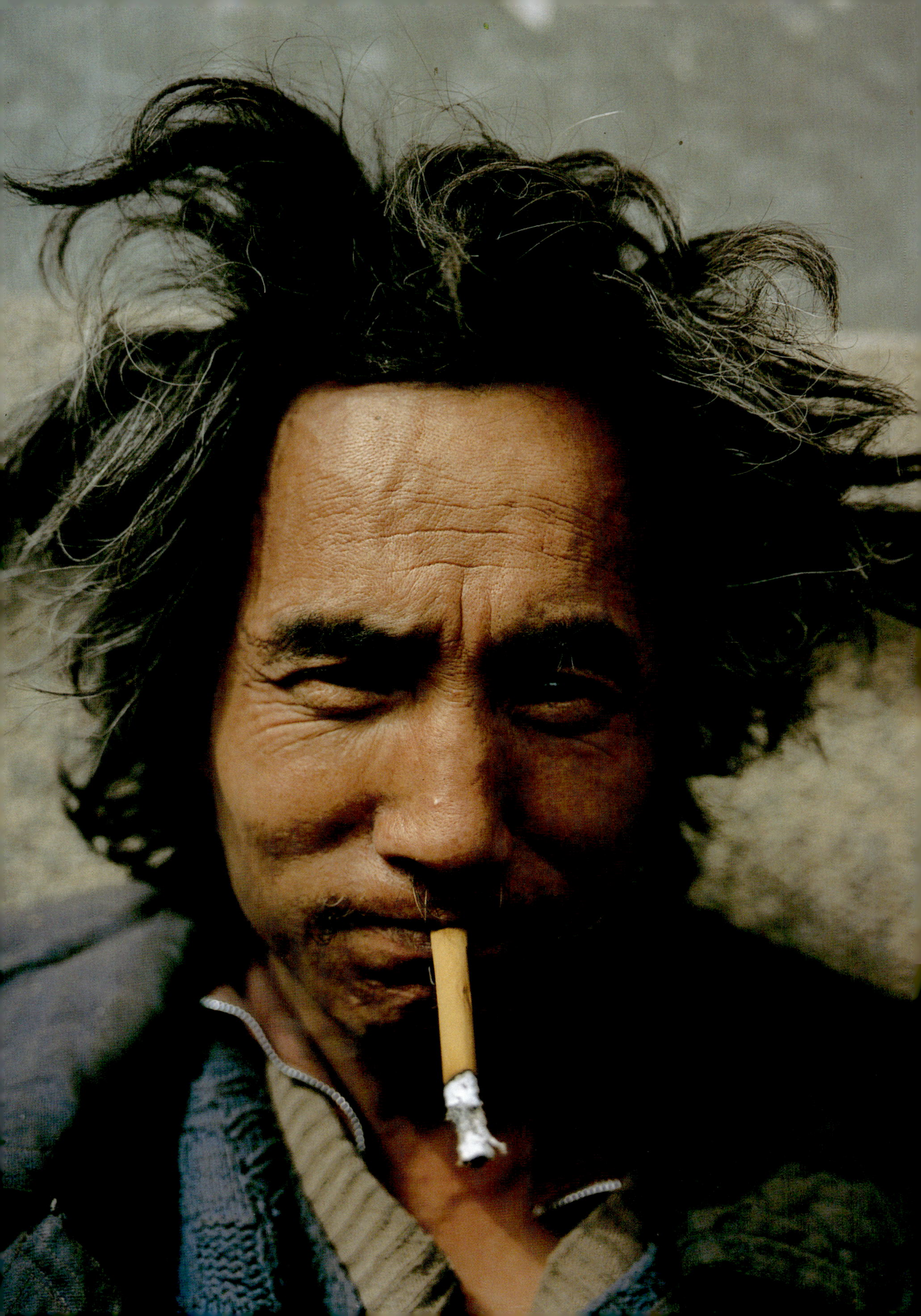

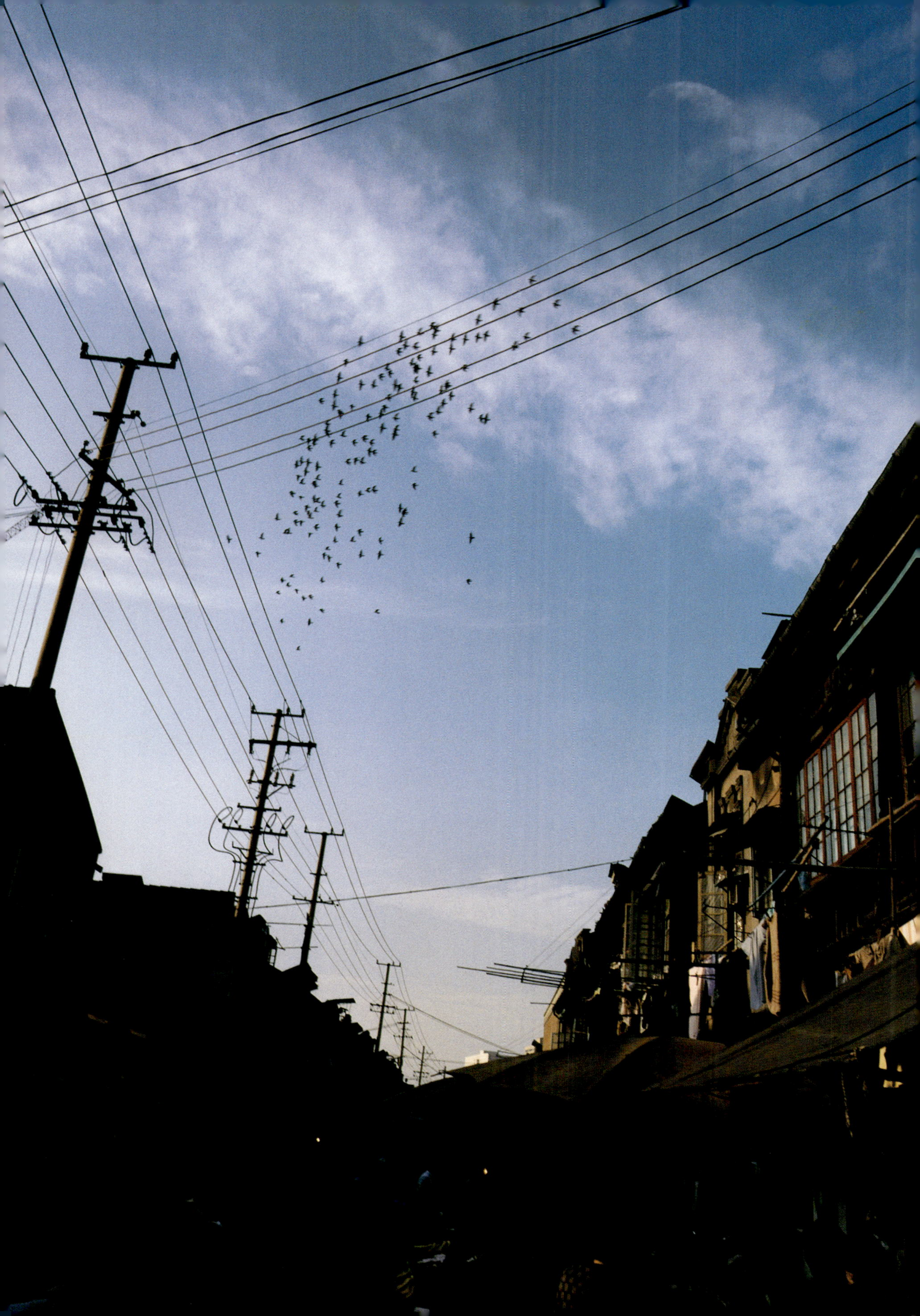

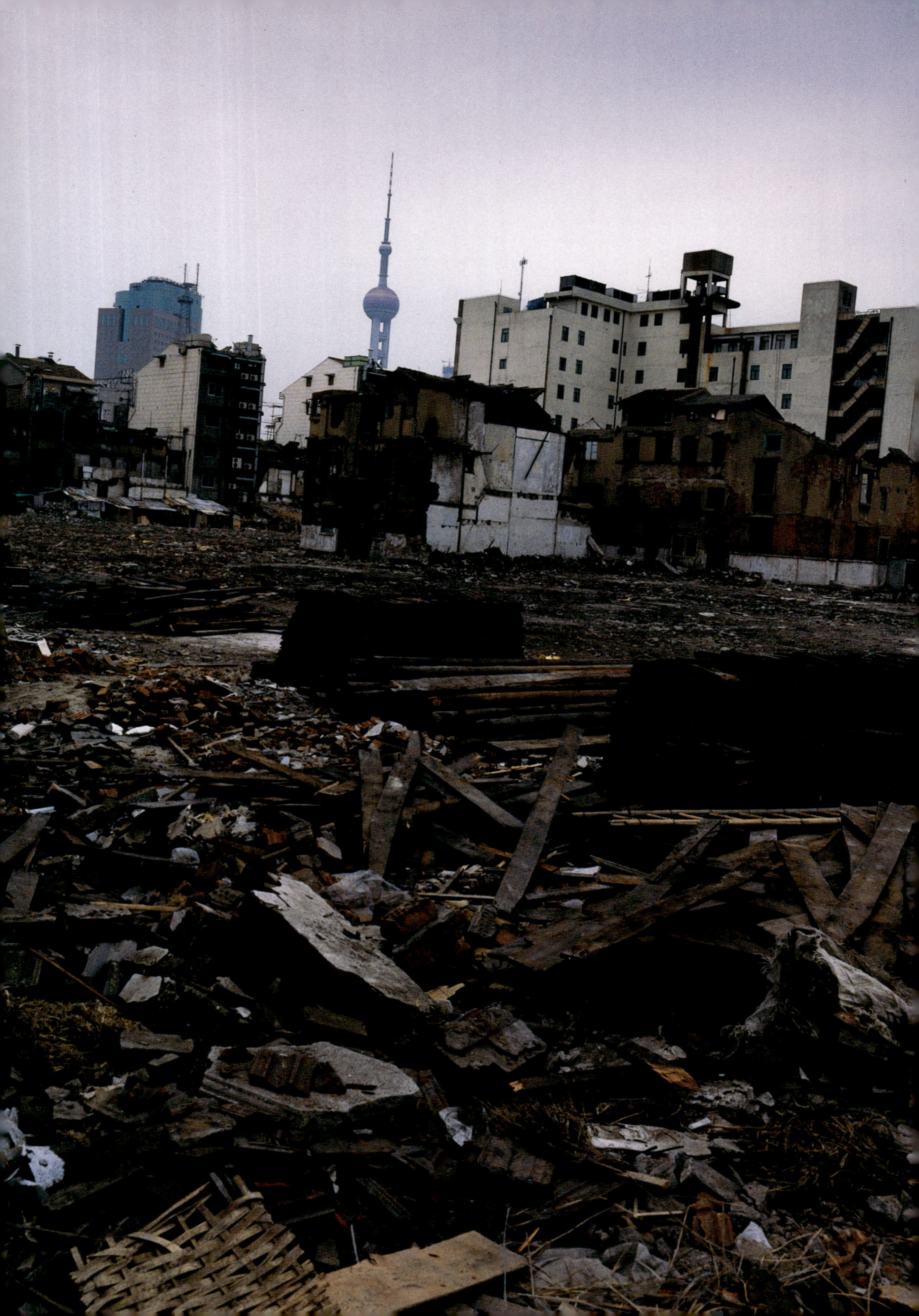

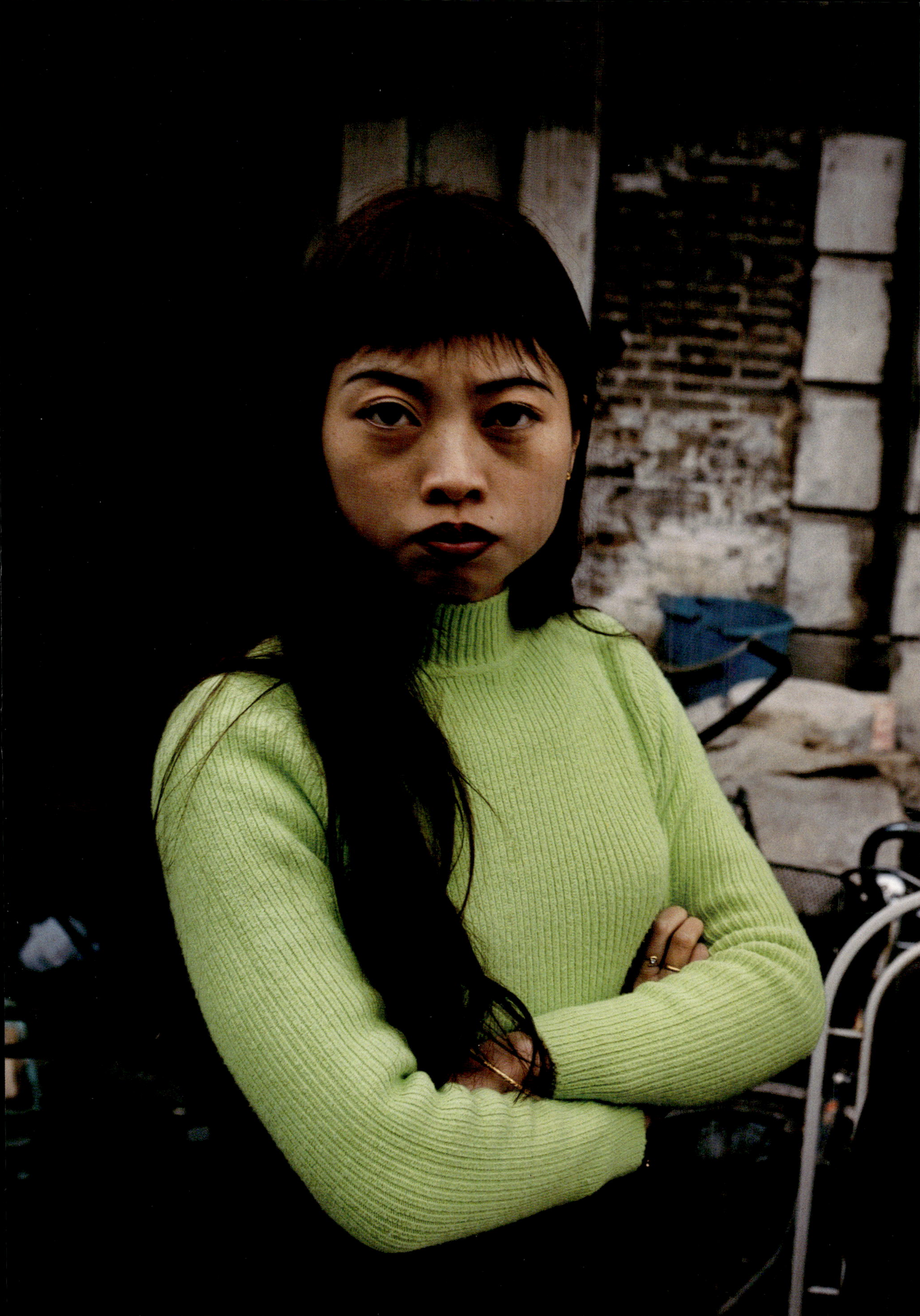

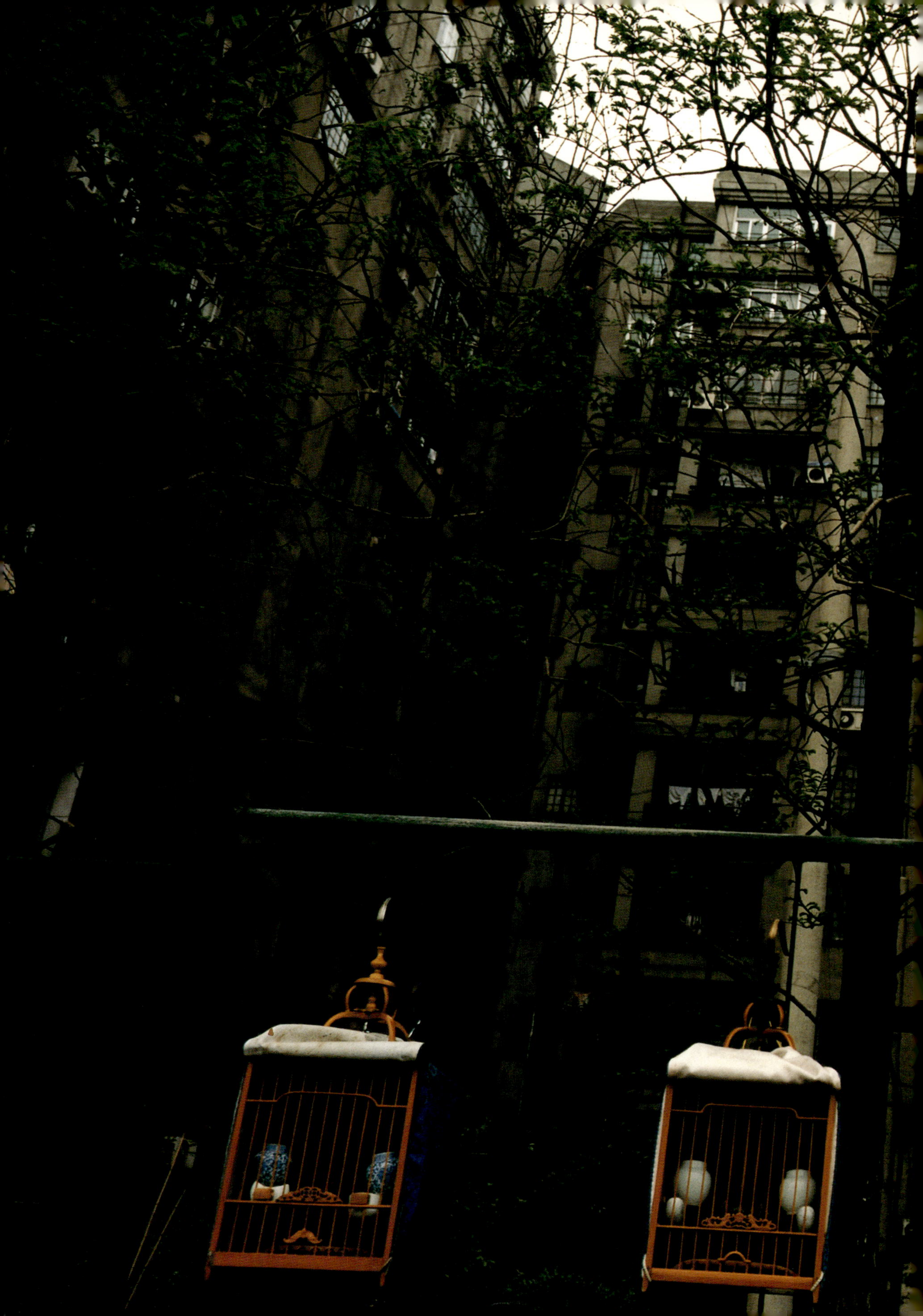

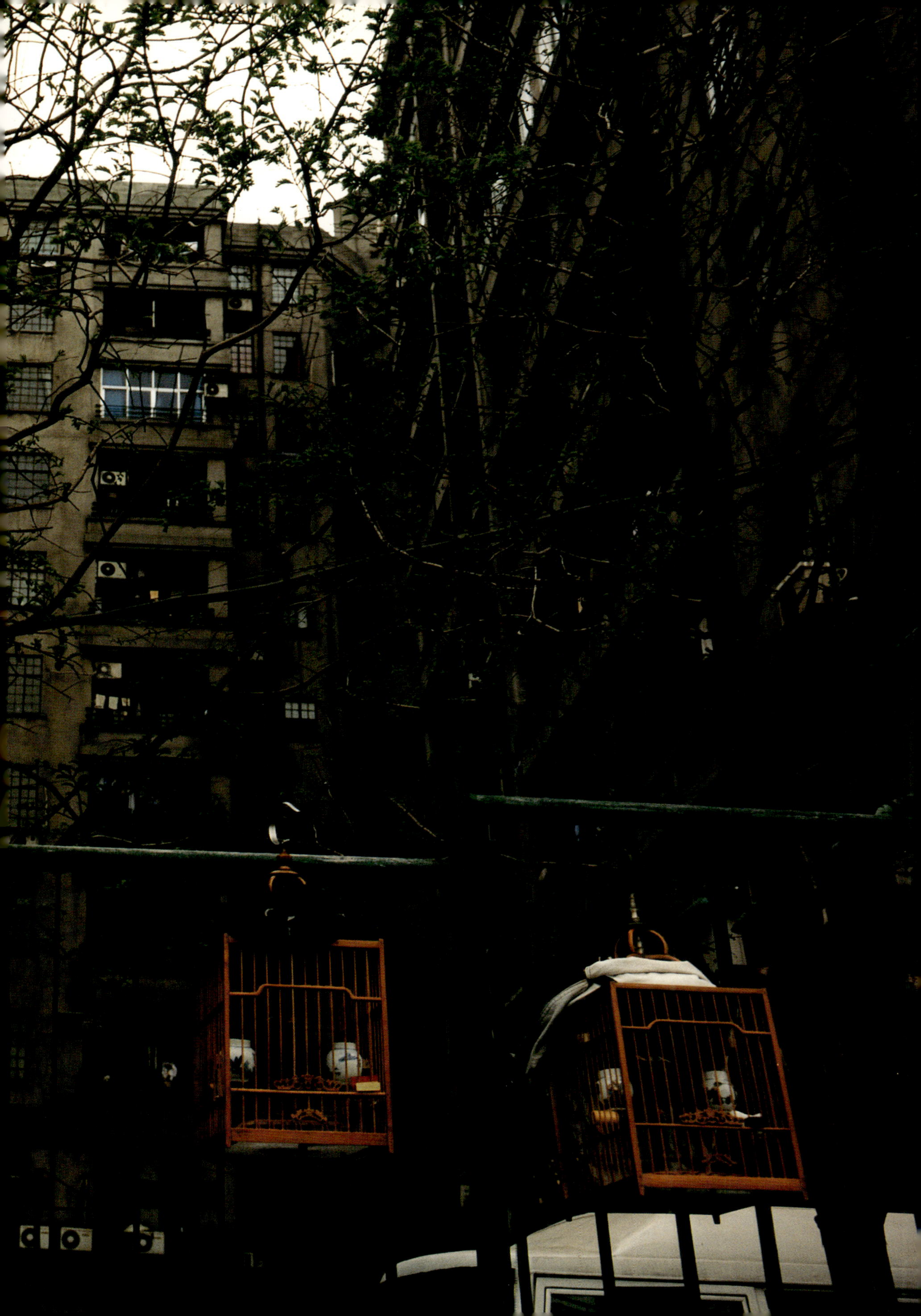

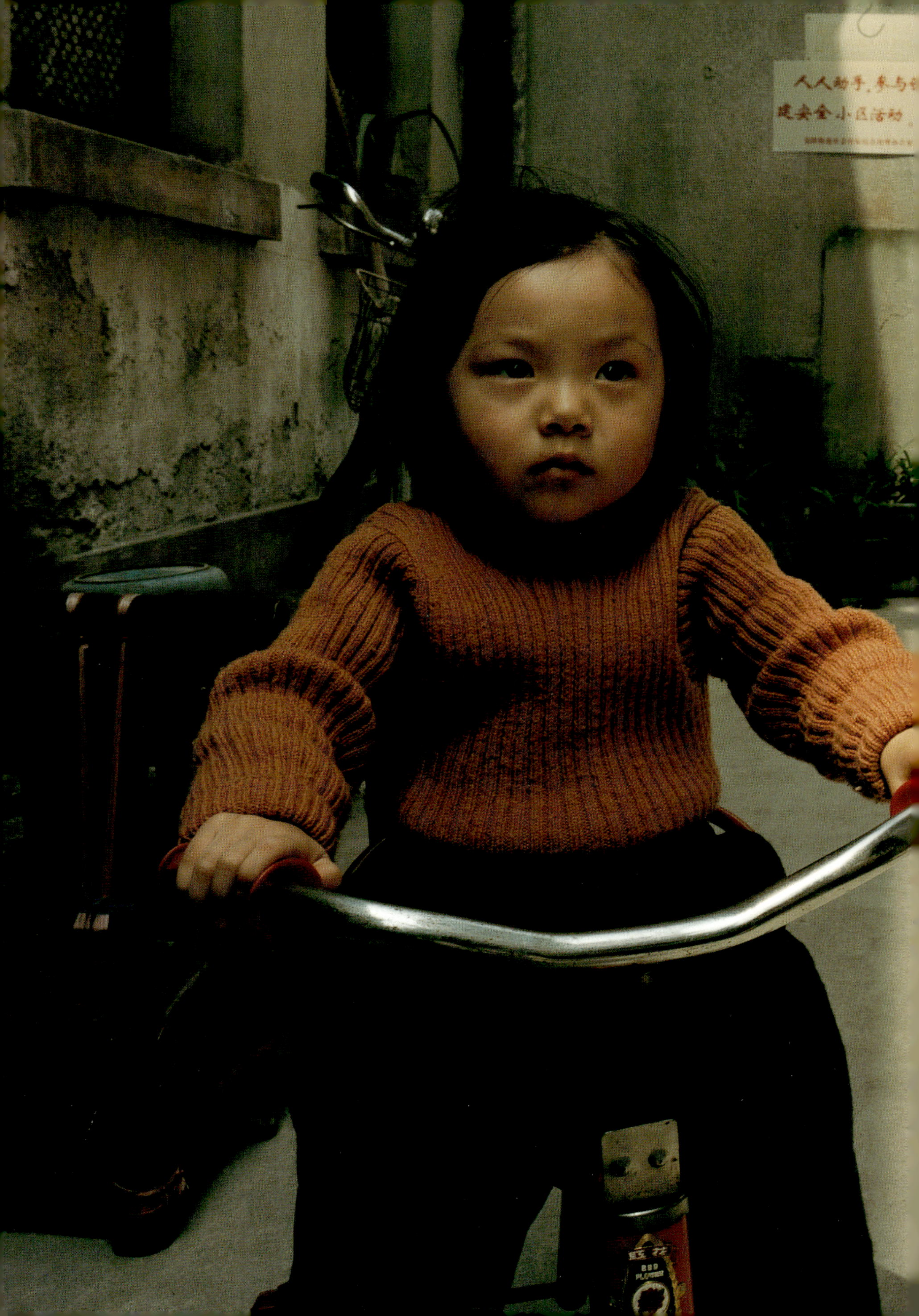
人人动手，参与
建安全小区活动

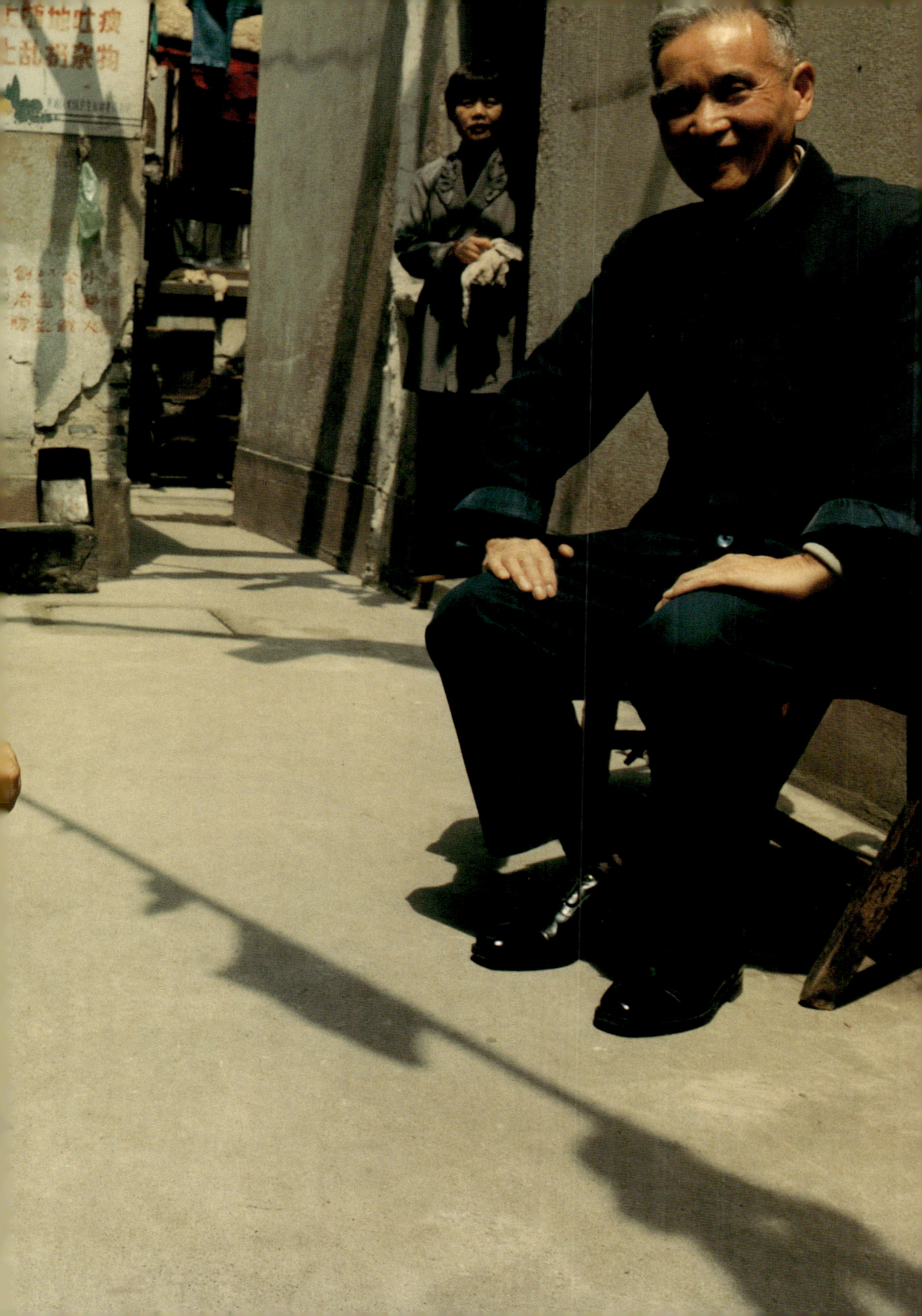

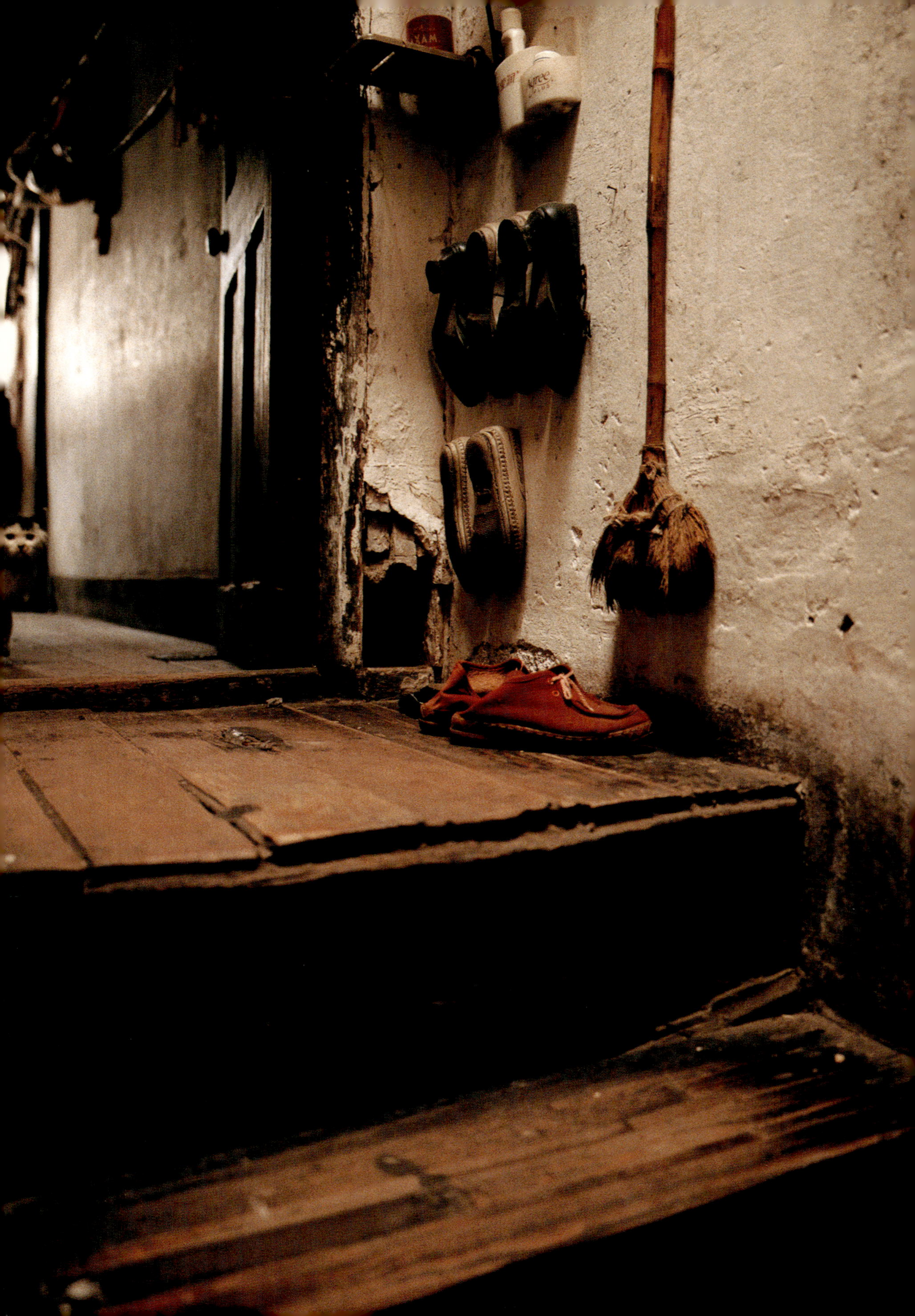

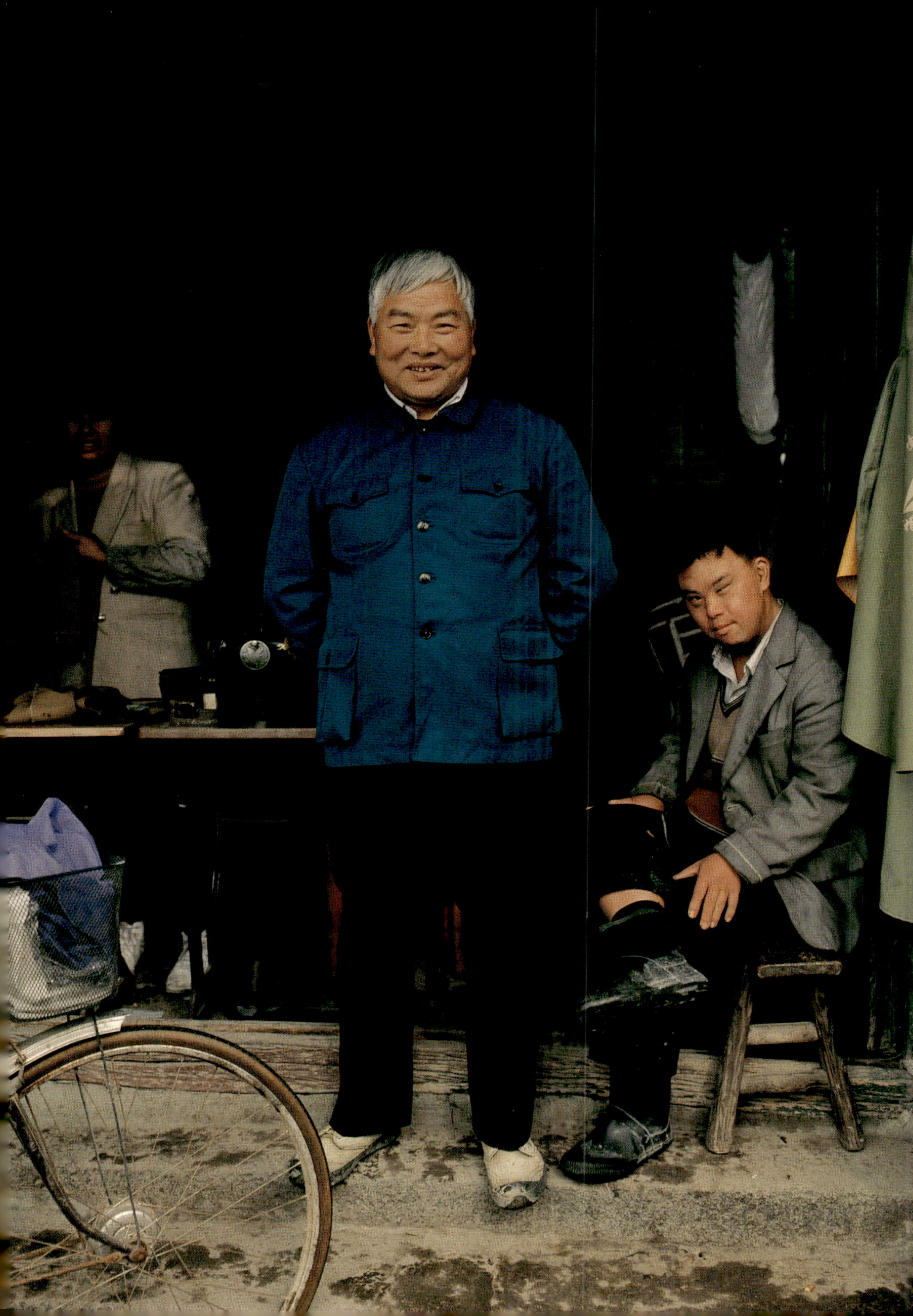

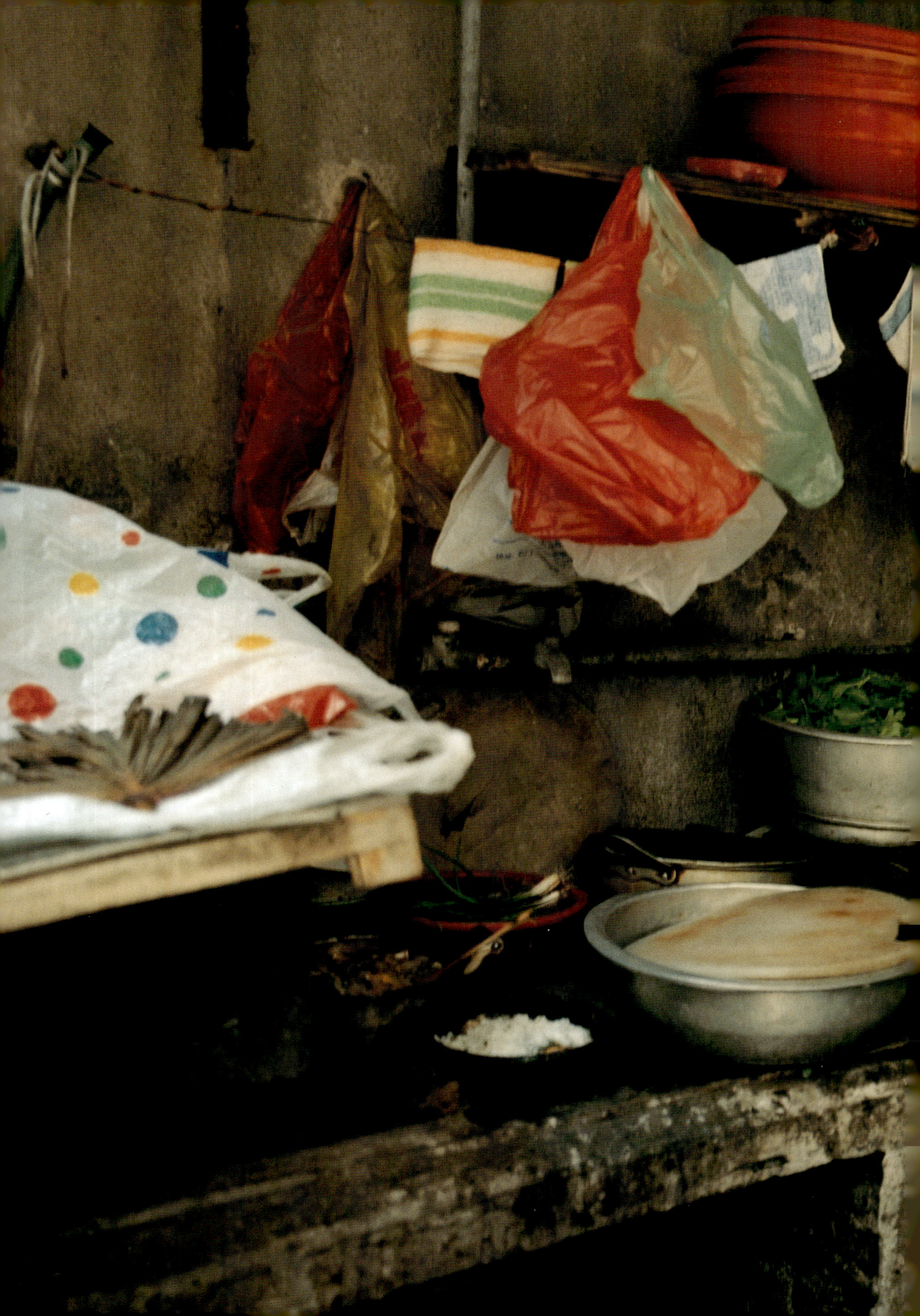

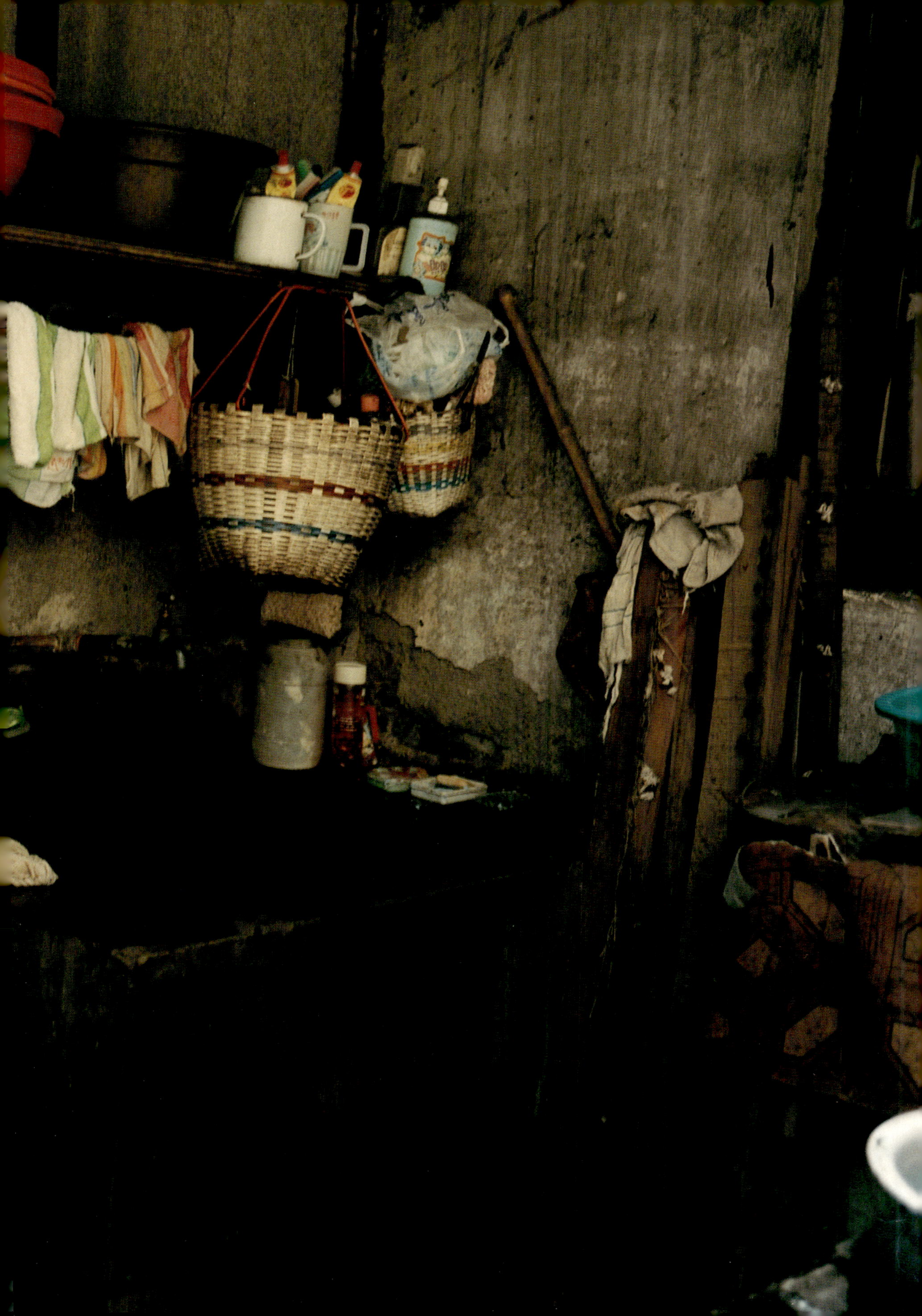

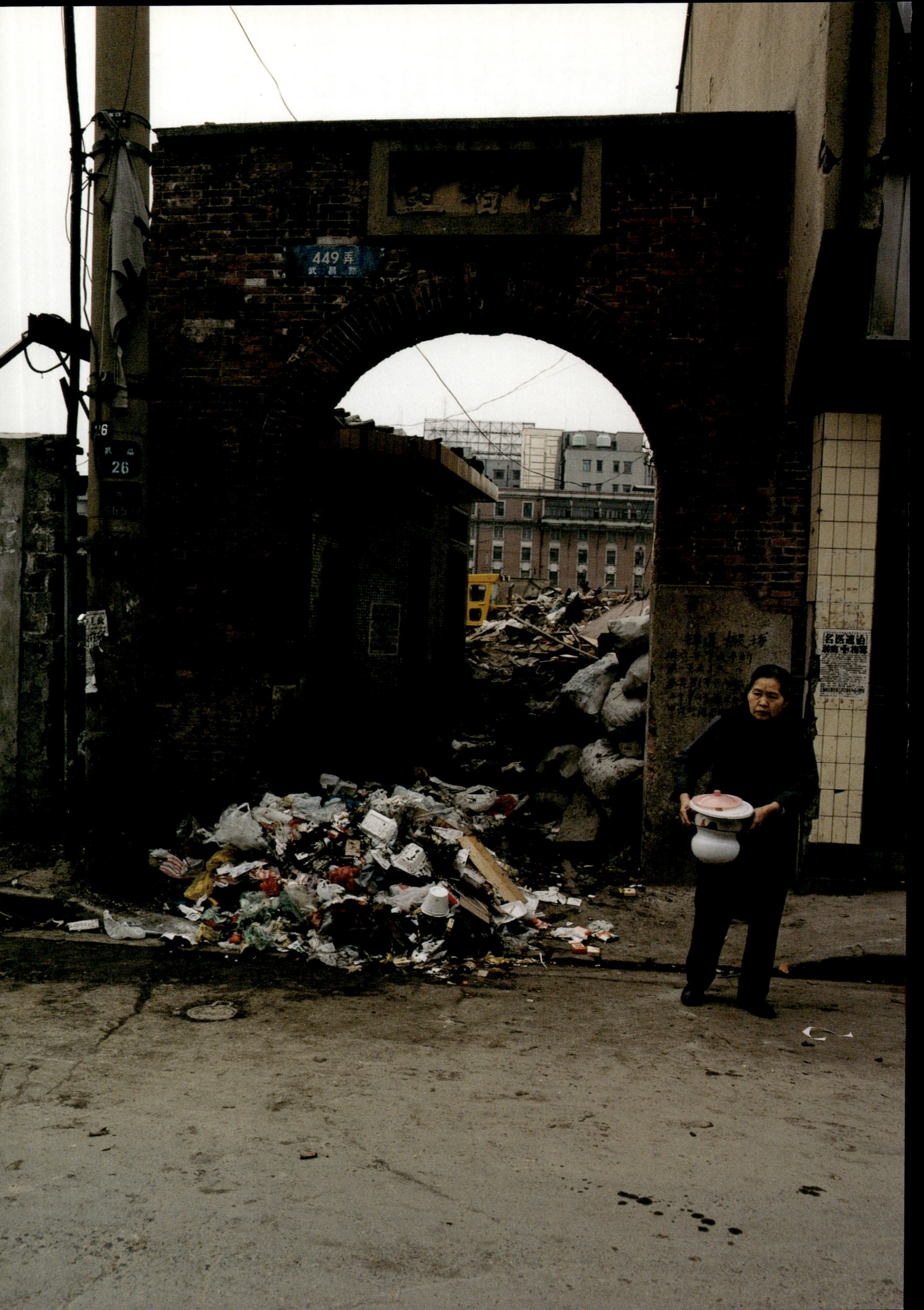

449弄
武昌路
26
武昌
26
名医速治

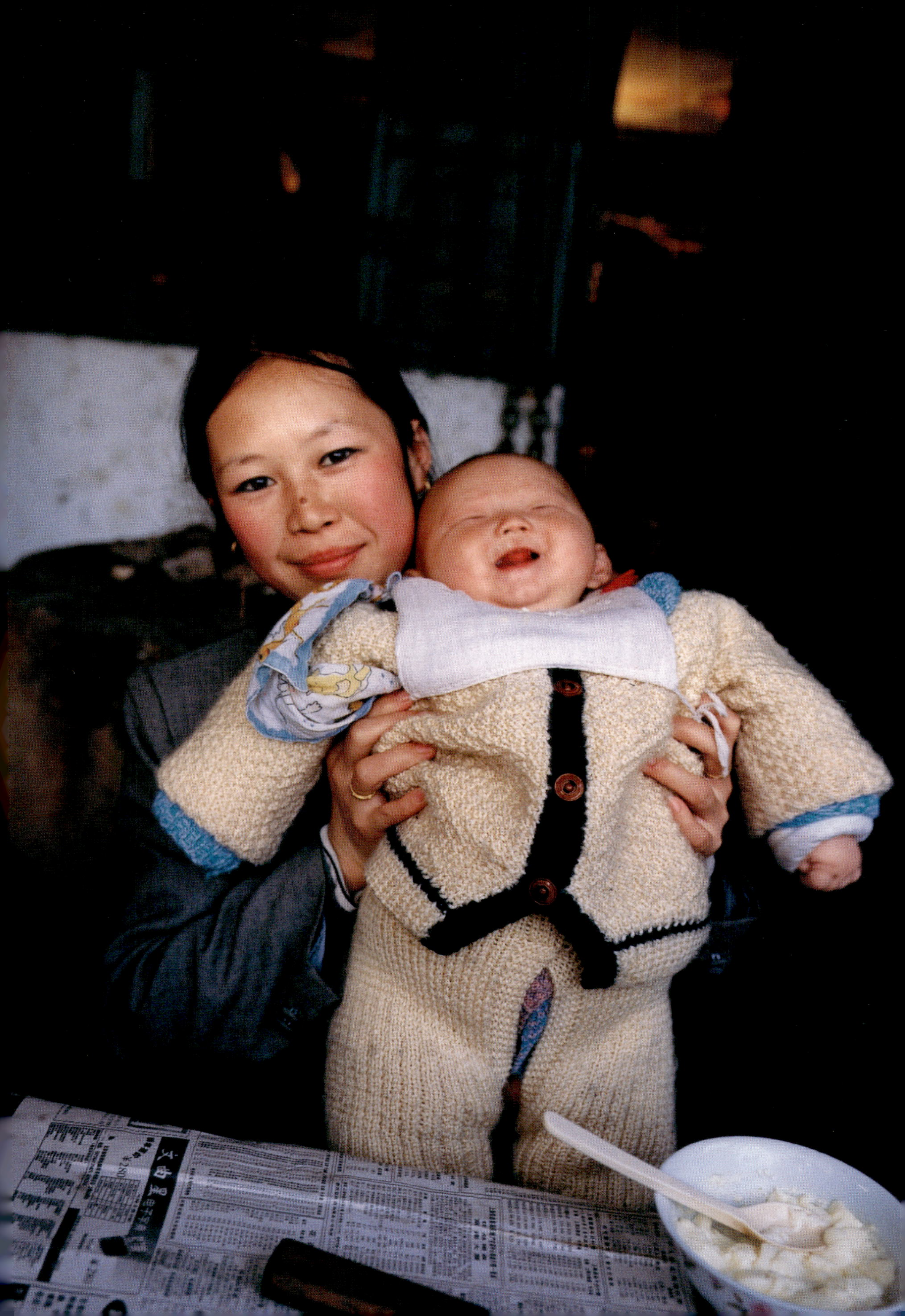

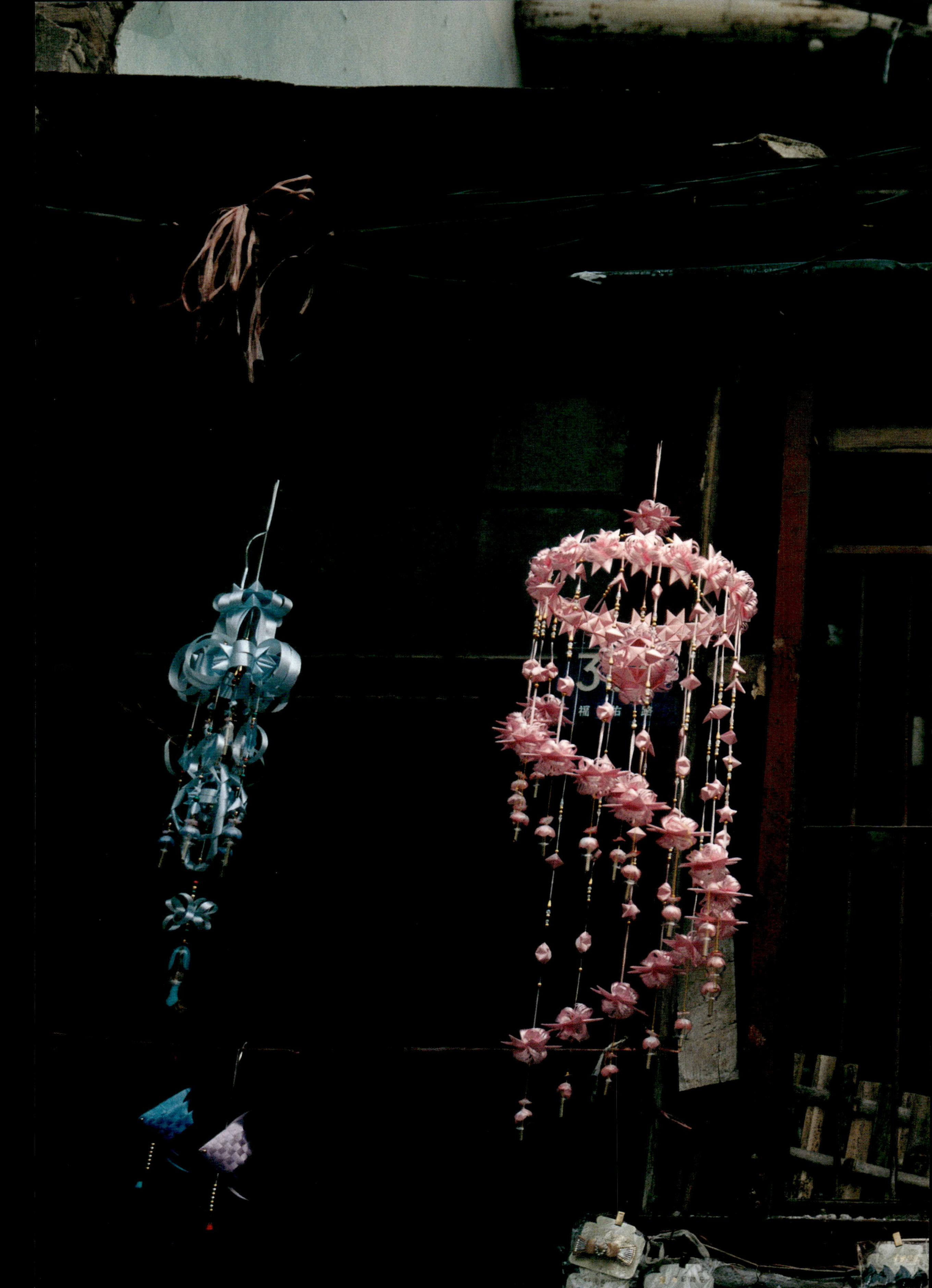

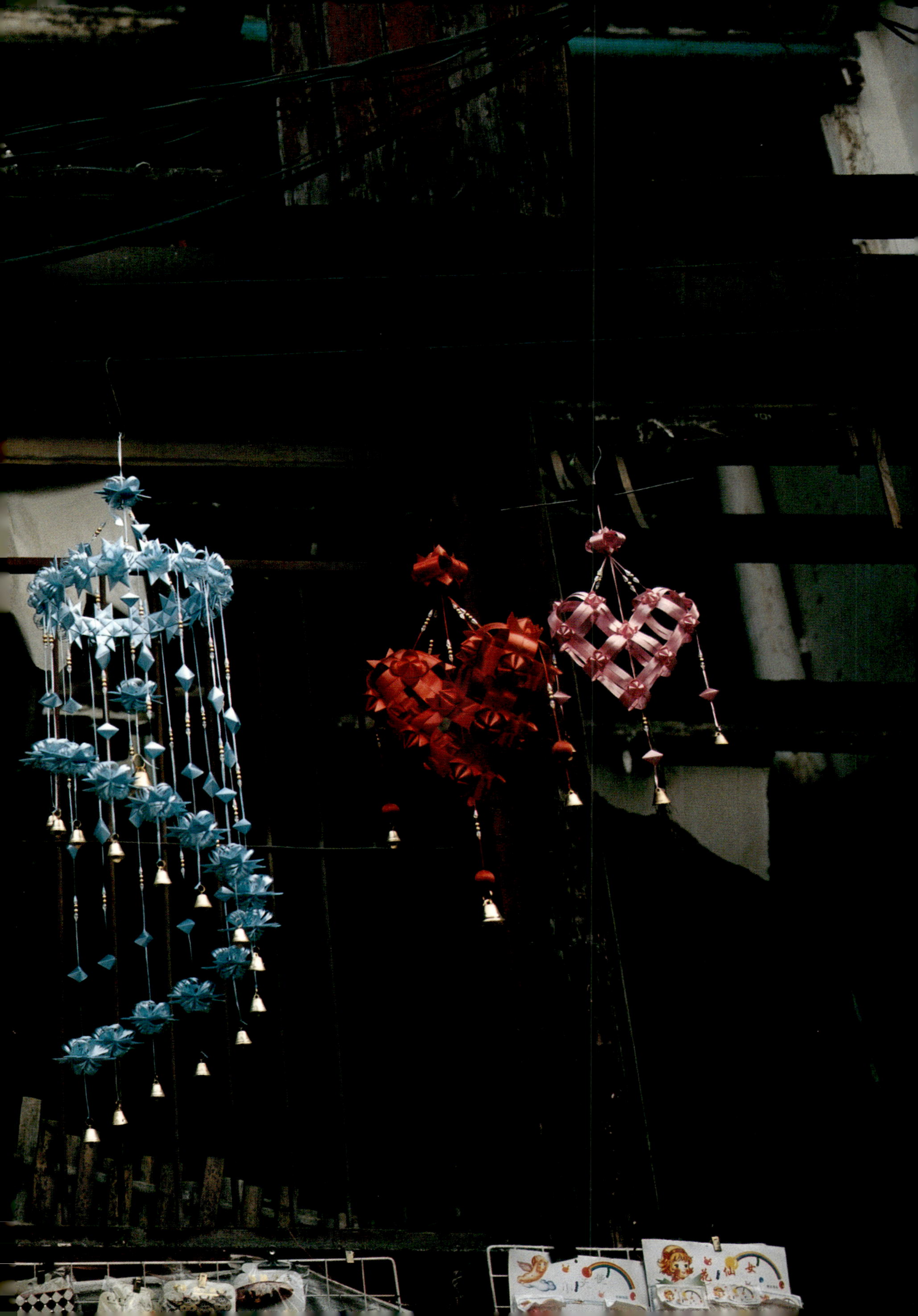

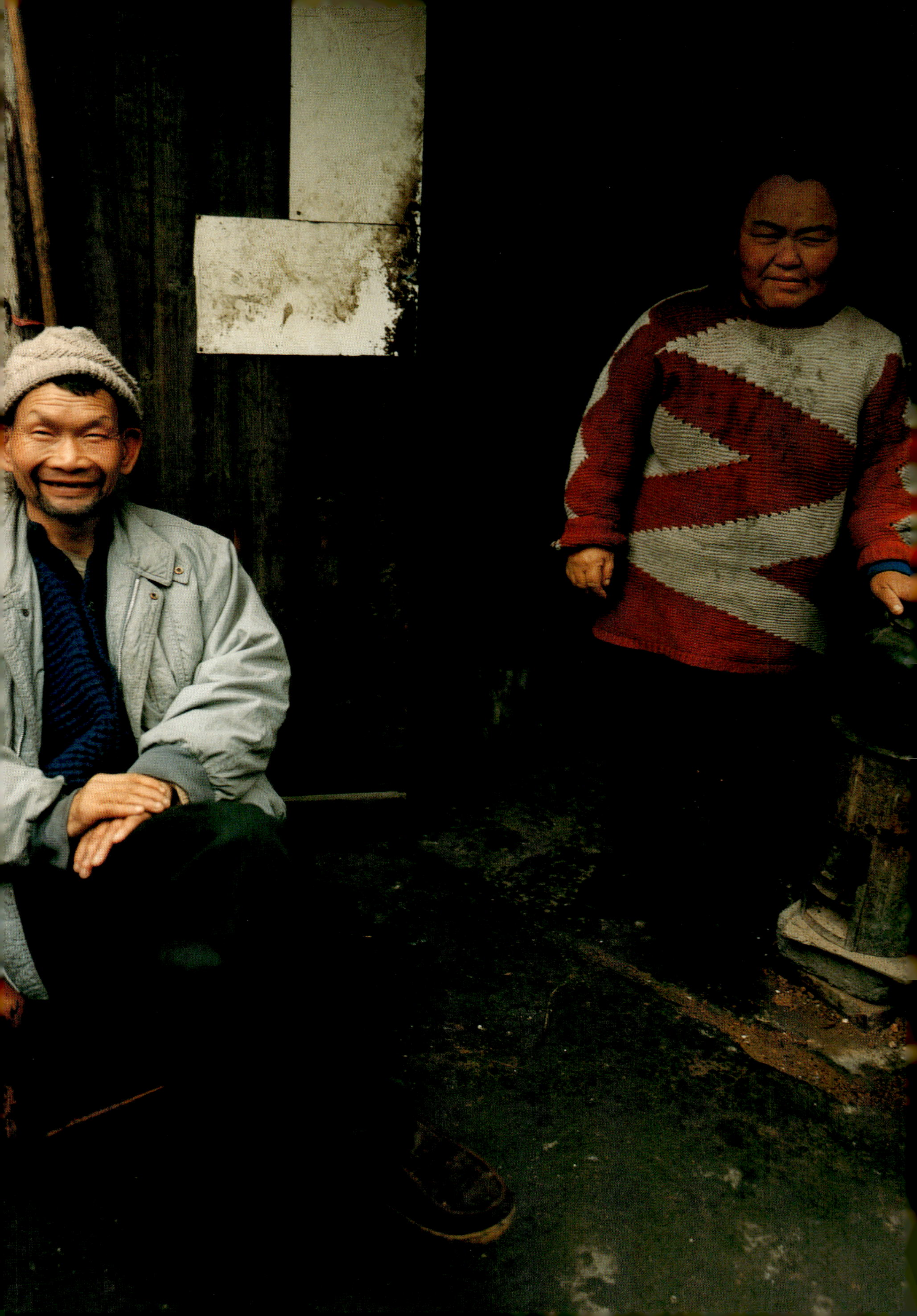

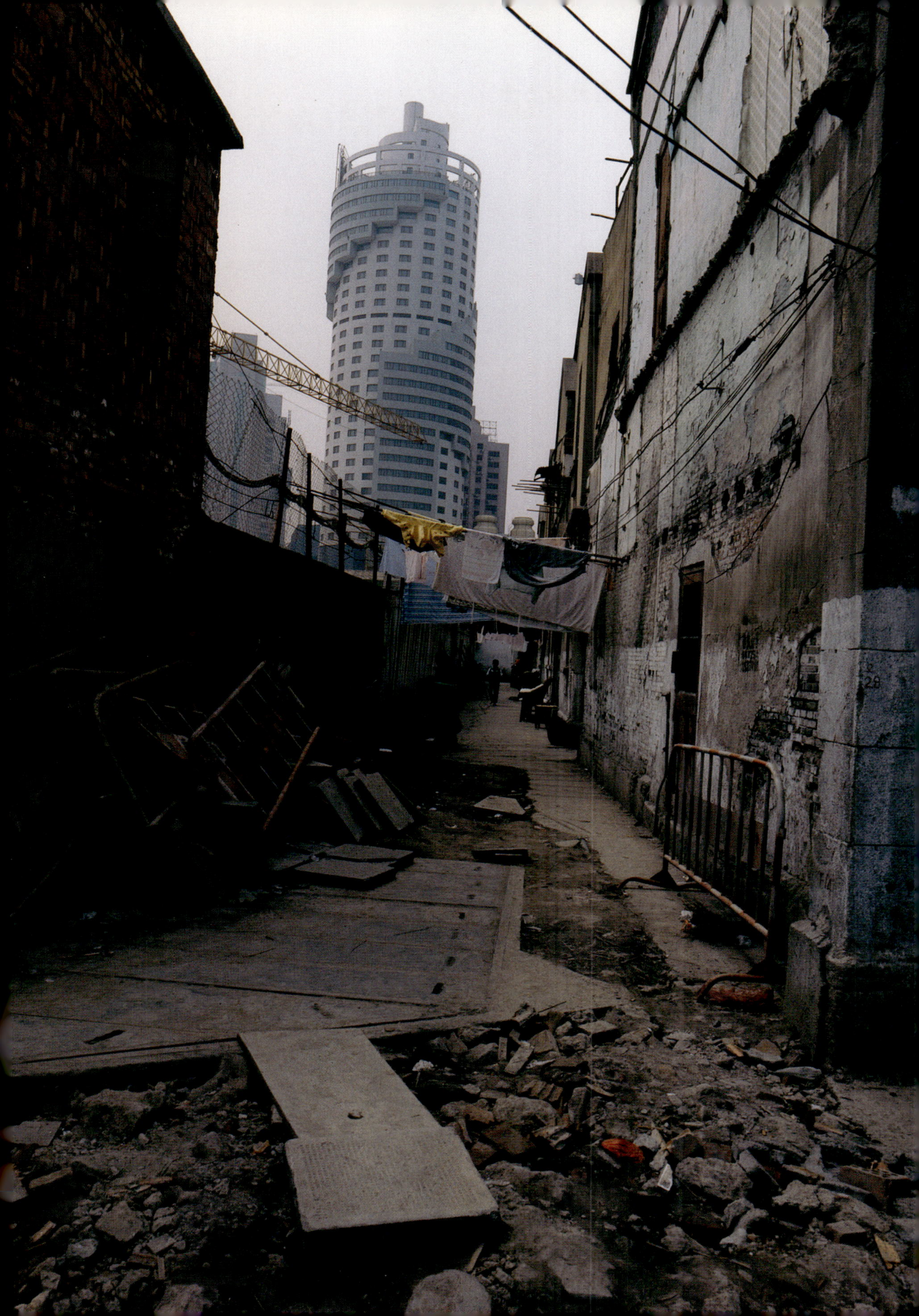

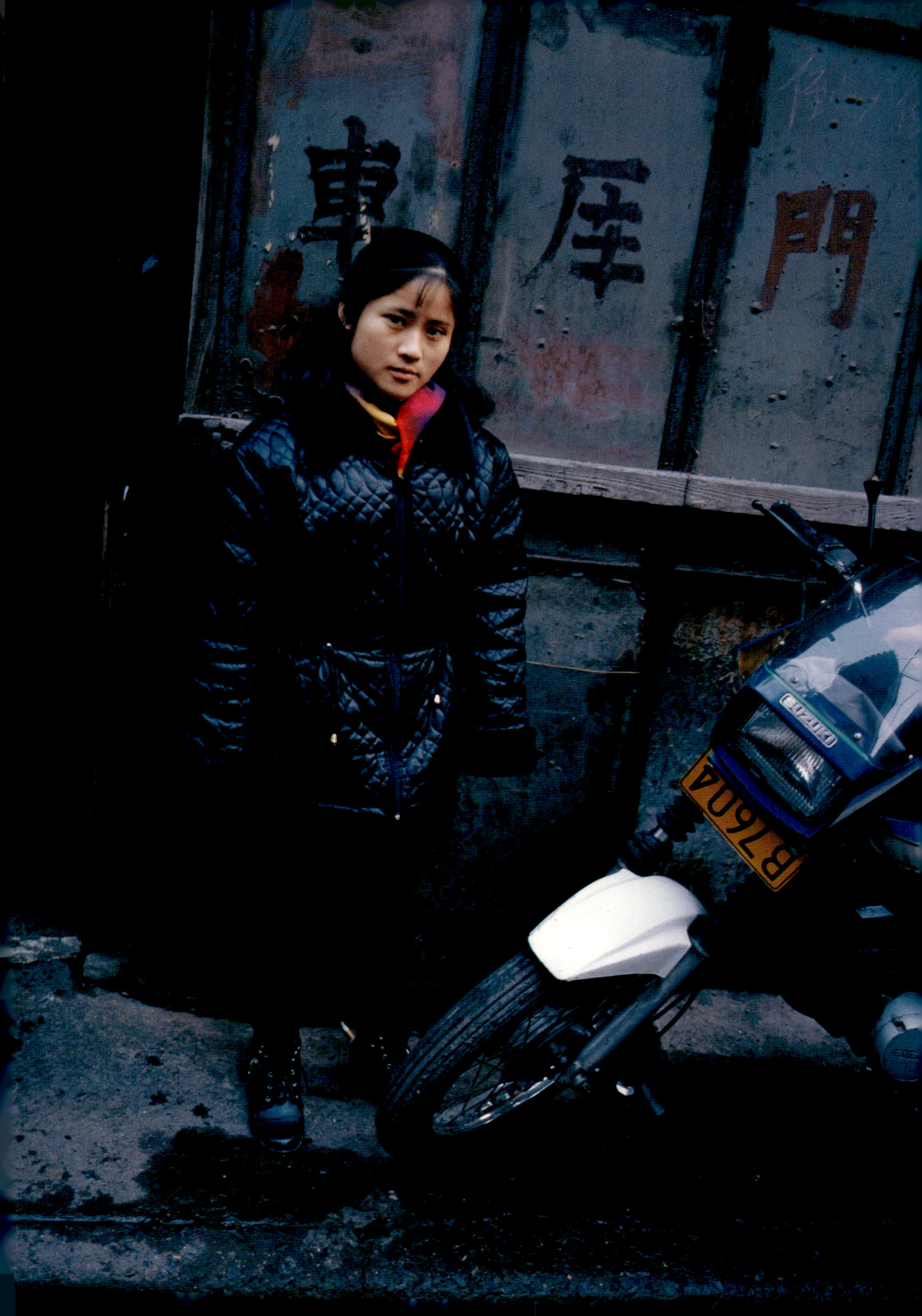

車
屋
門
SUZUKI
B7602A

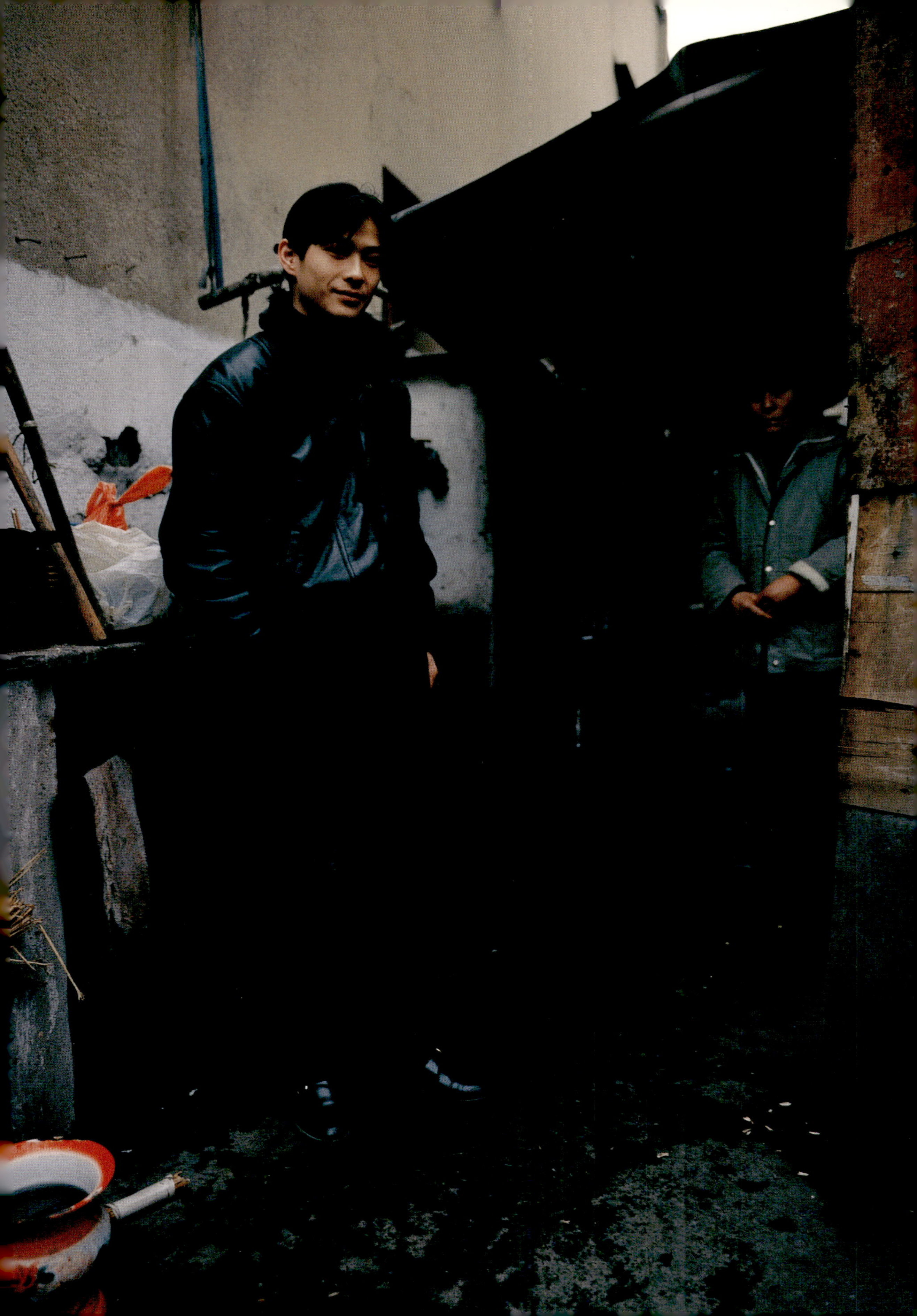

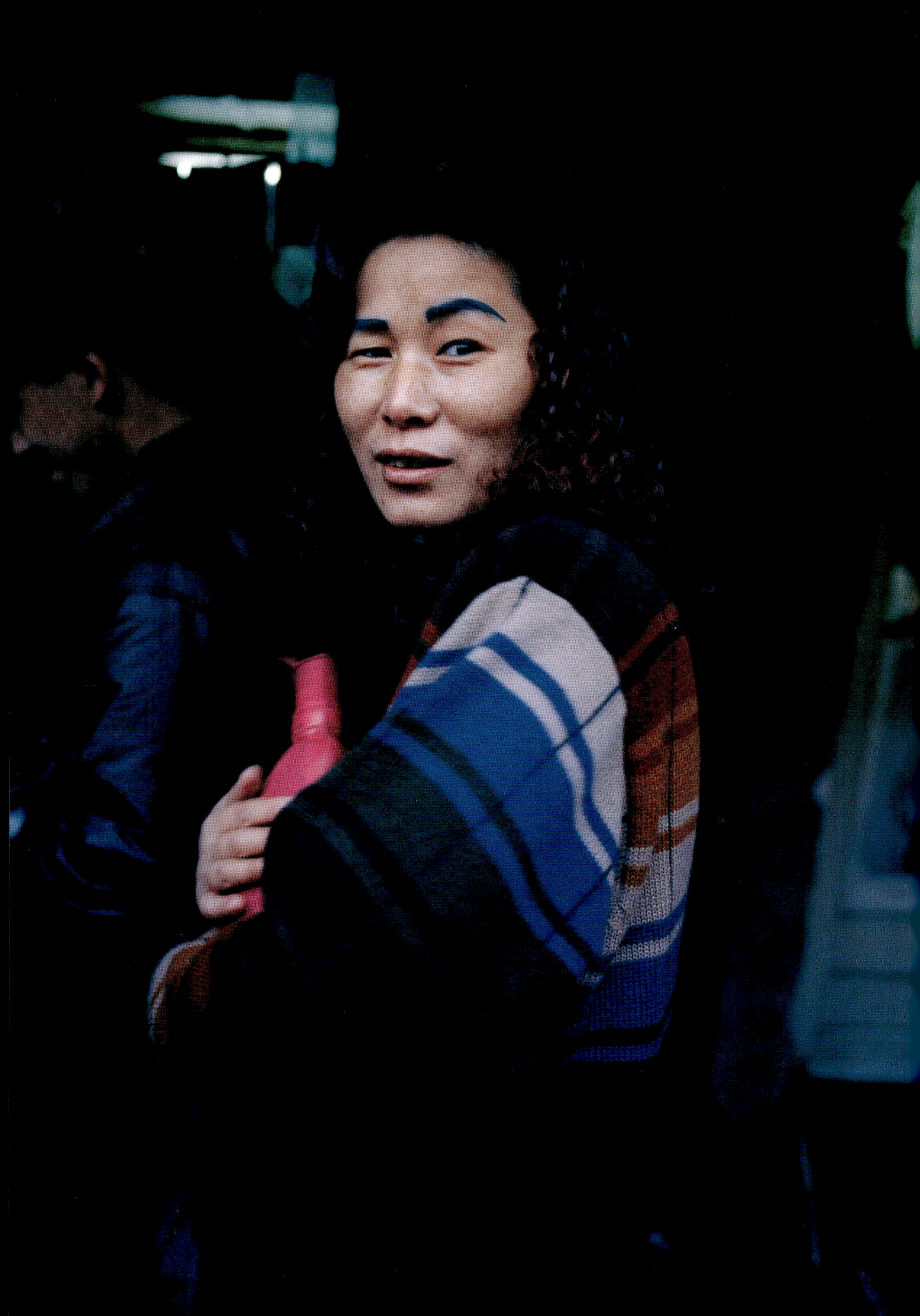

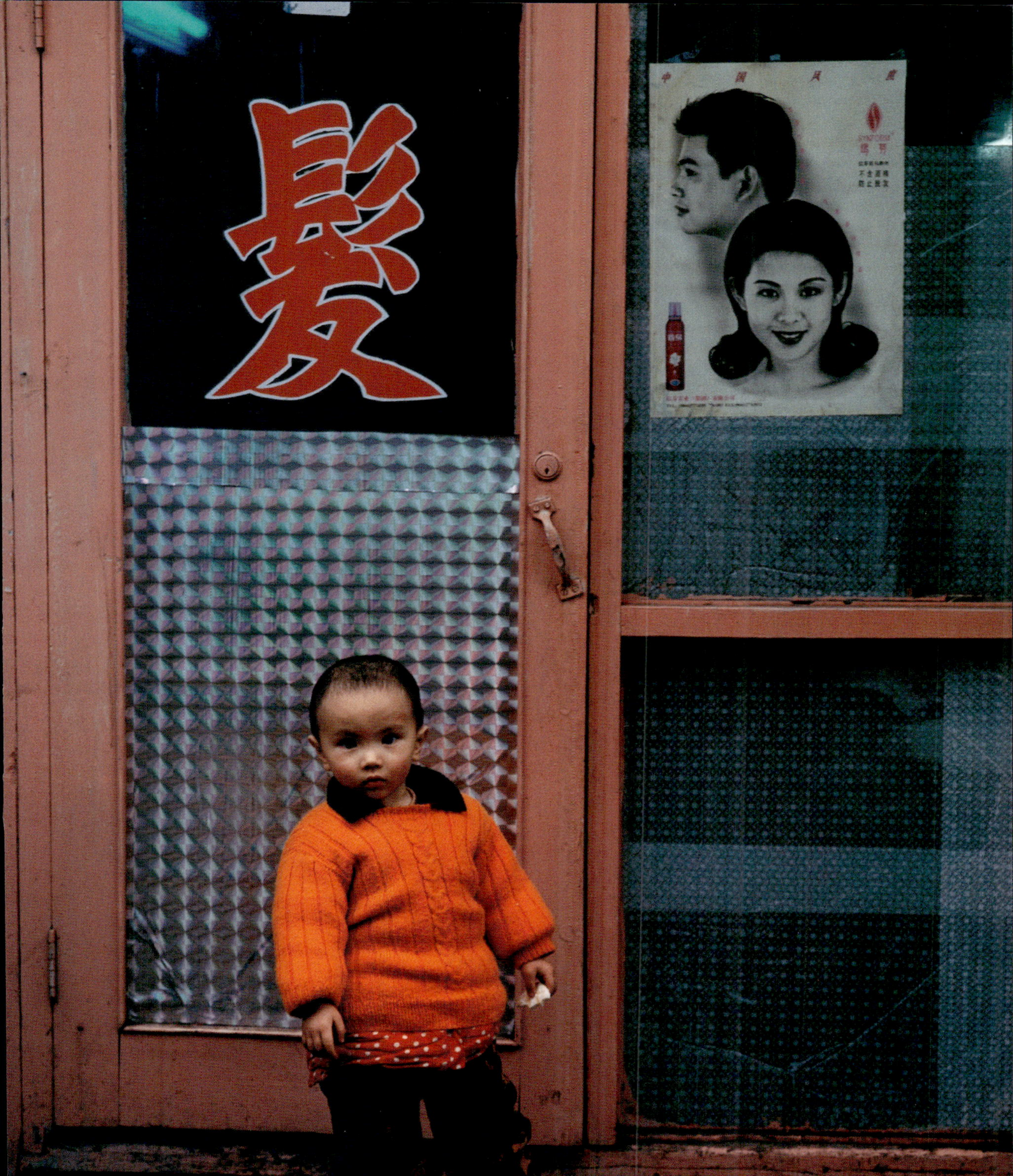

髪
中 国 风 度

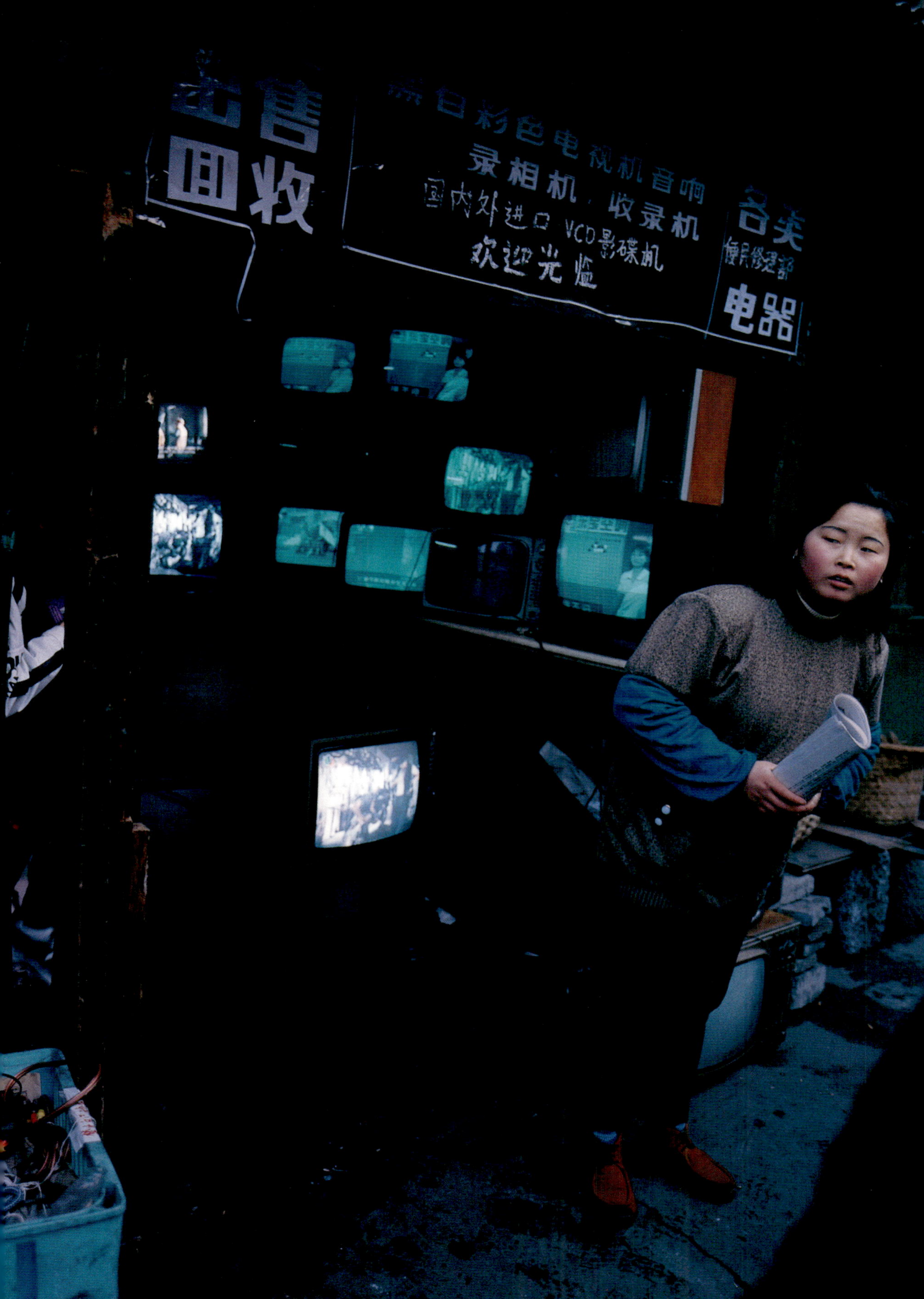
出售
回收
市日彩色电视机音响
录相机，收录机
国内外进口 VCD影碟机
欢迎光临
各类
便民修建部
电器

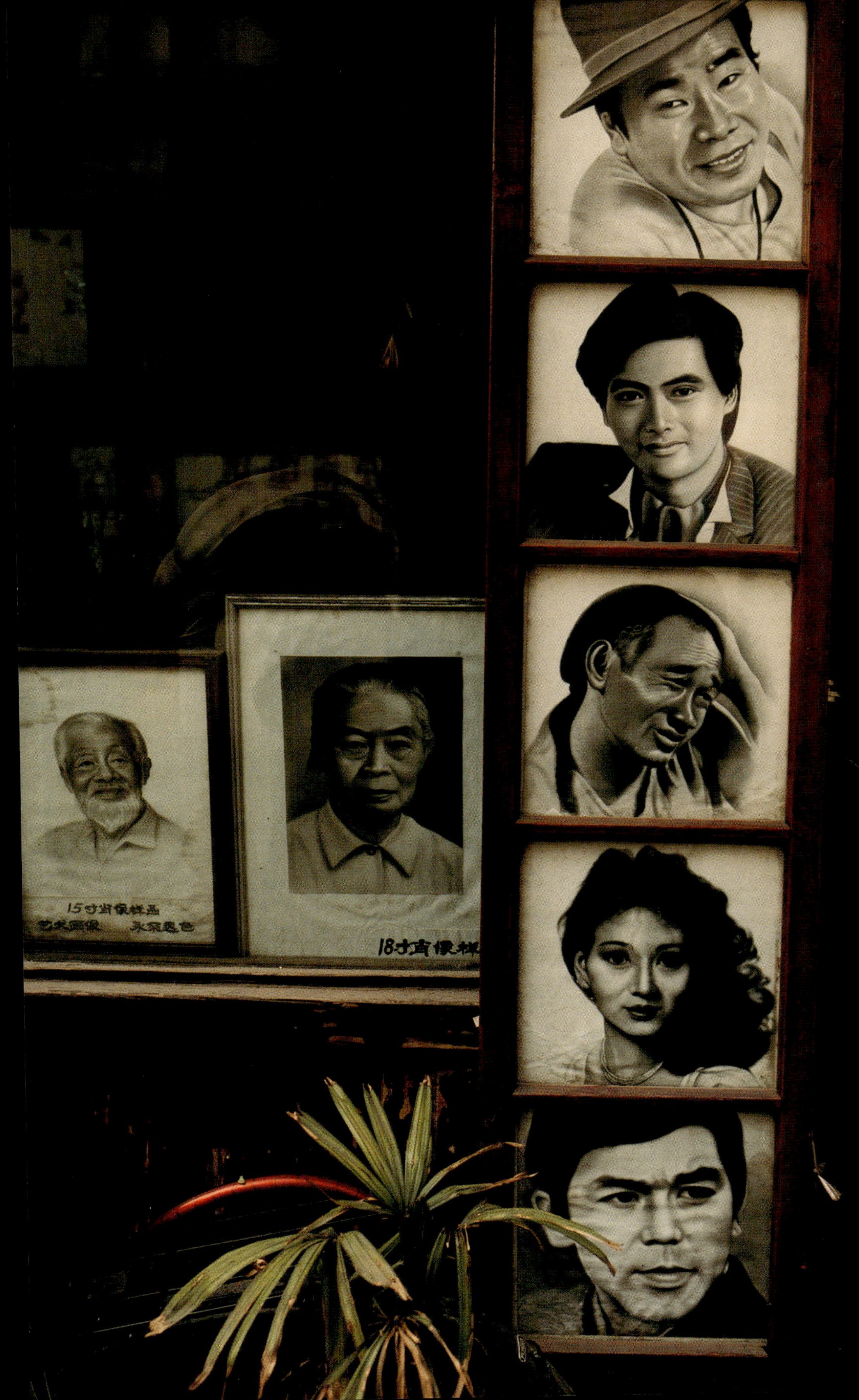
15寸肖像样品
艺术摄银　永不退色
18寸肖像样

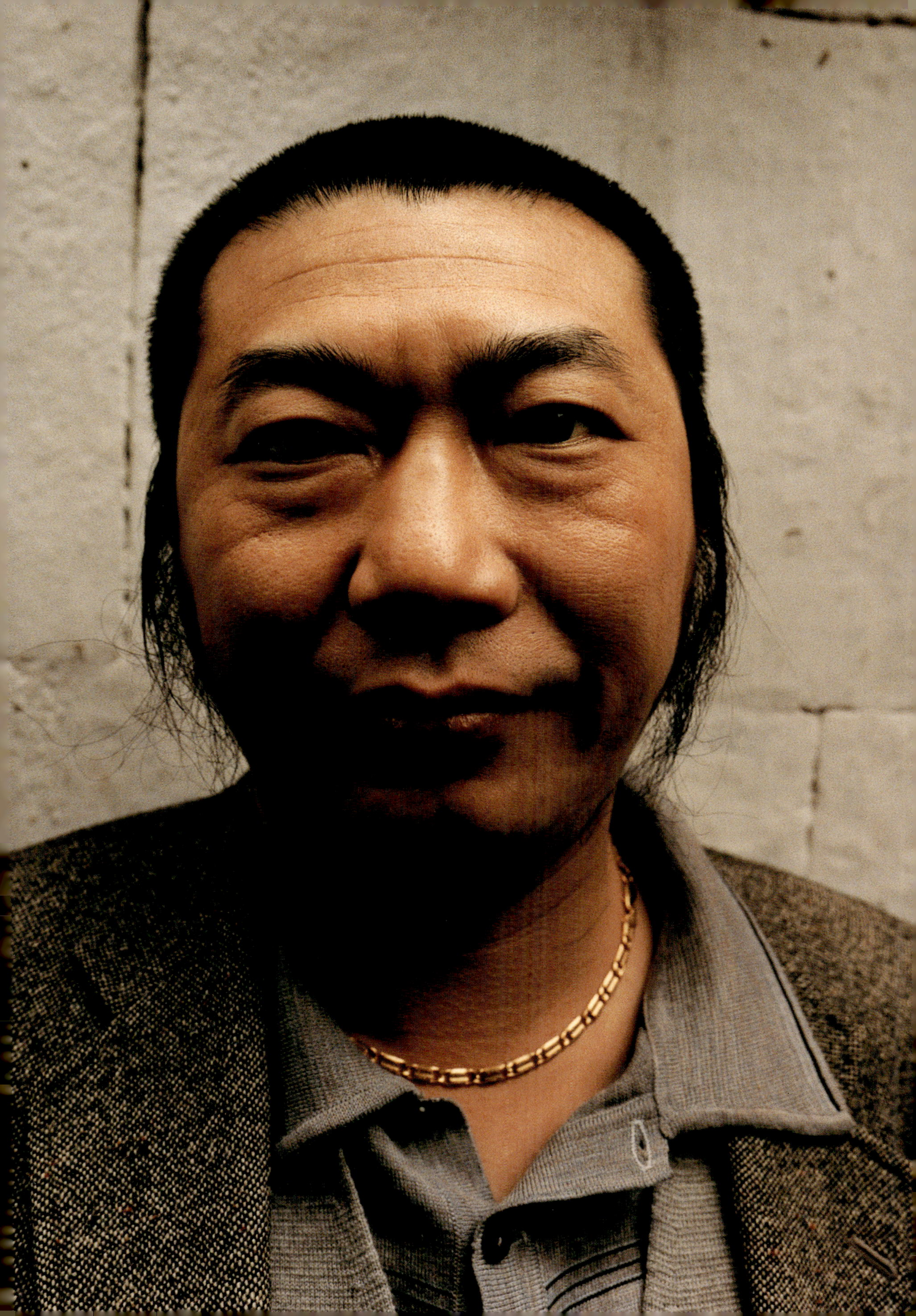

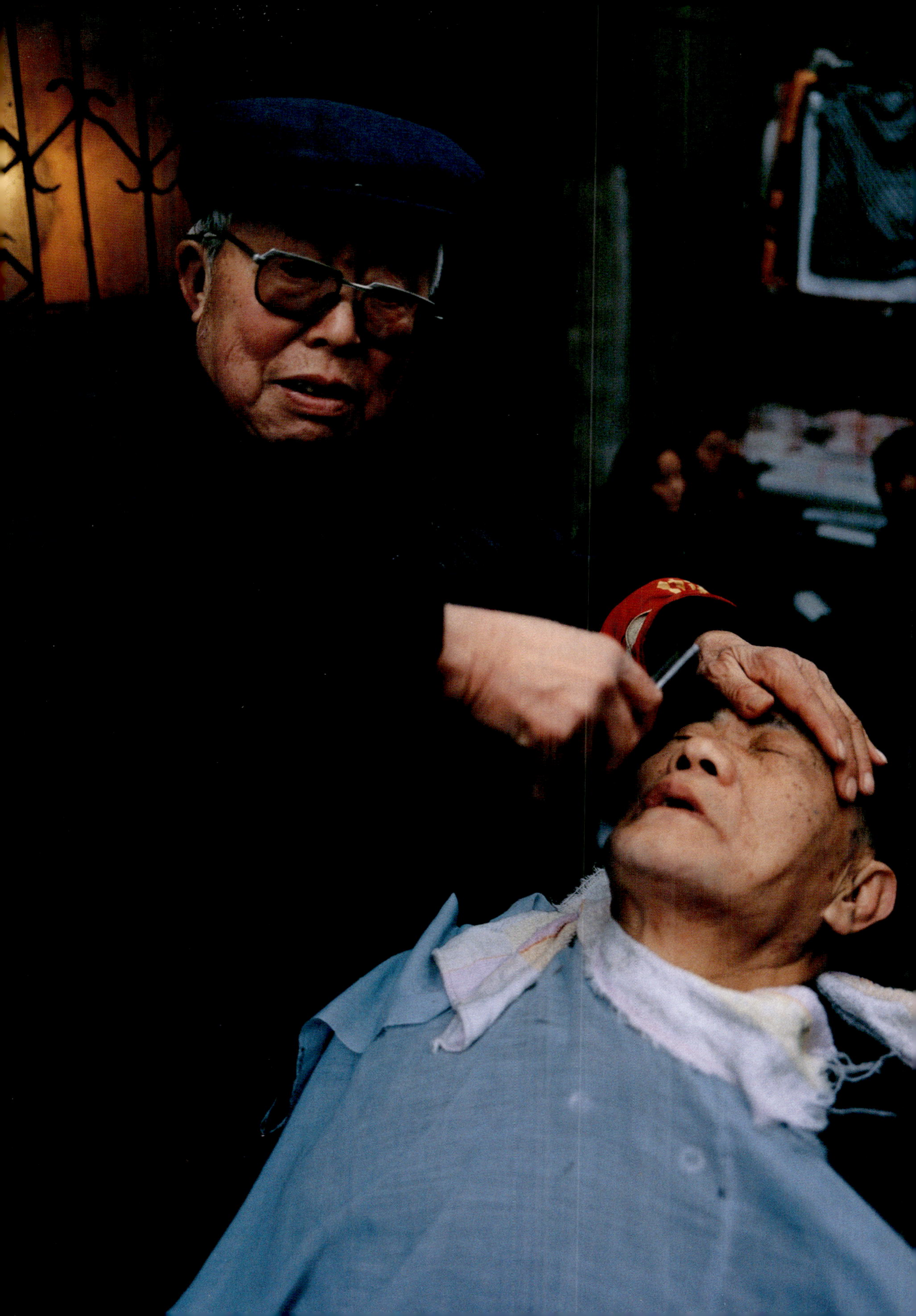

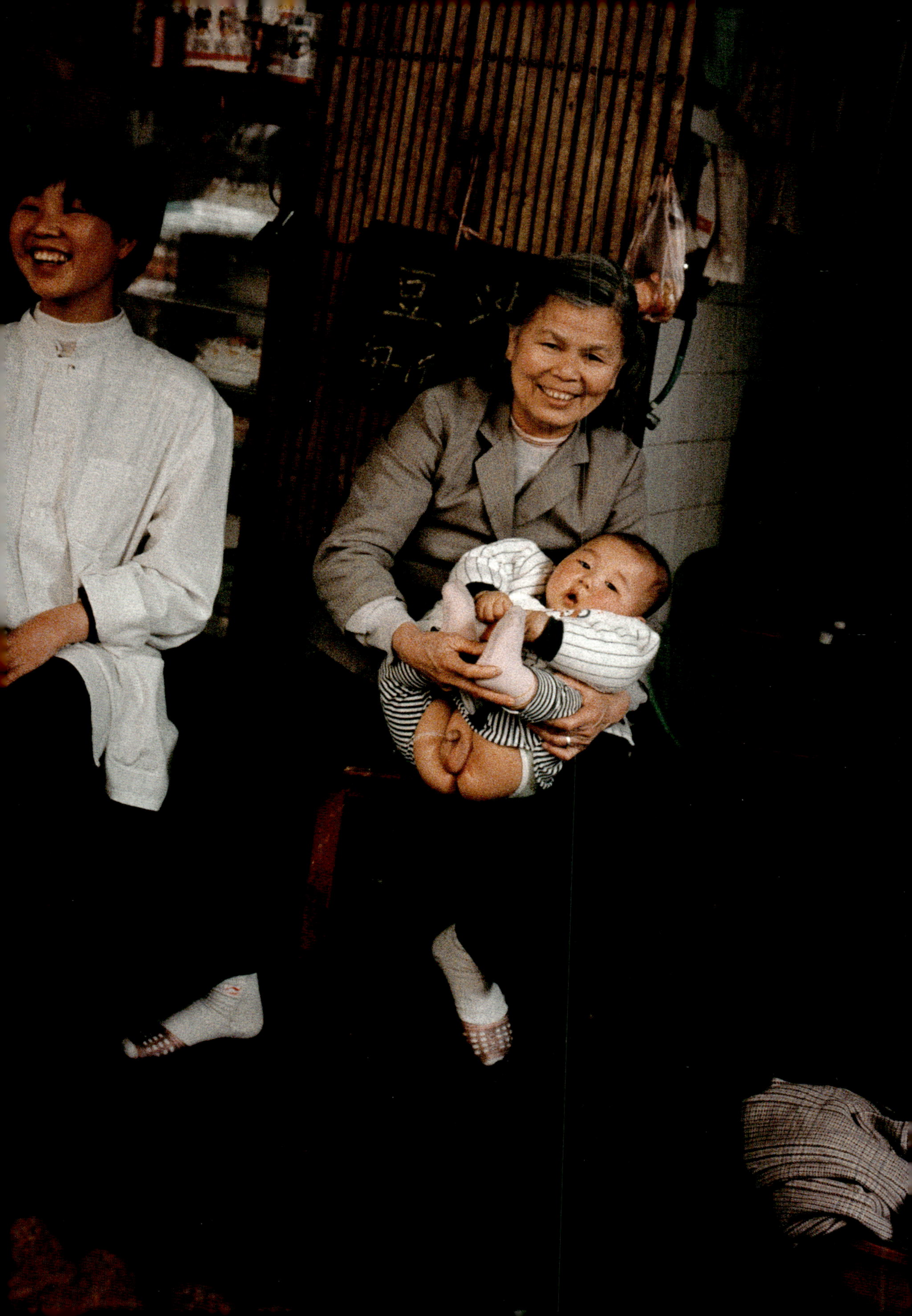

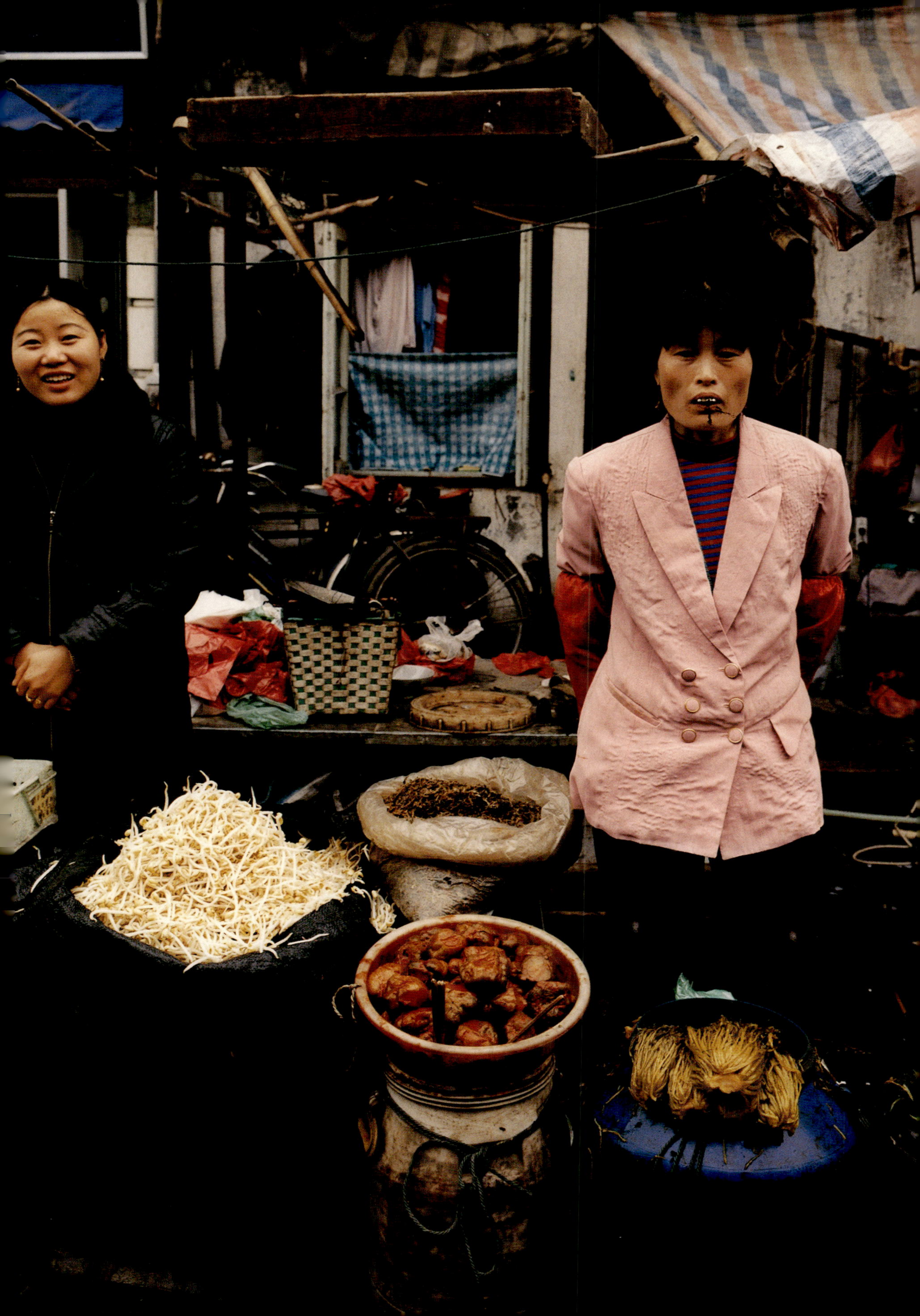

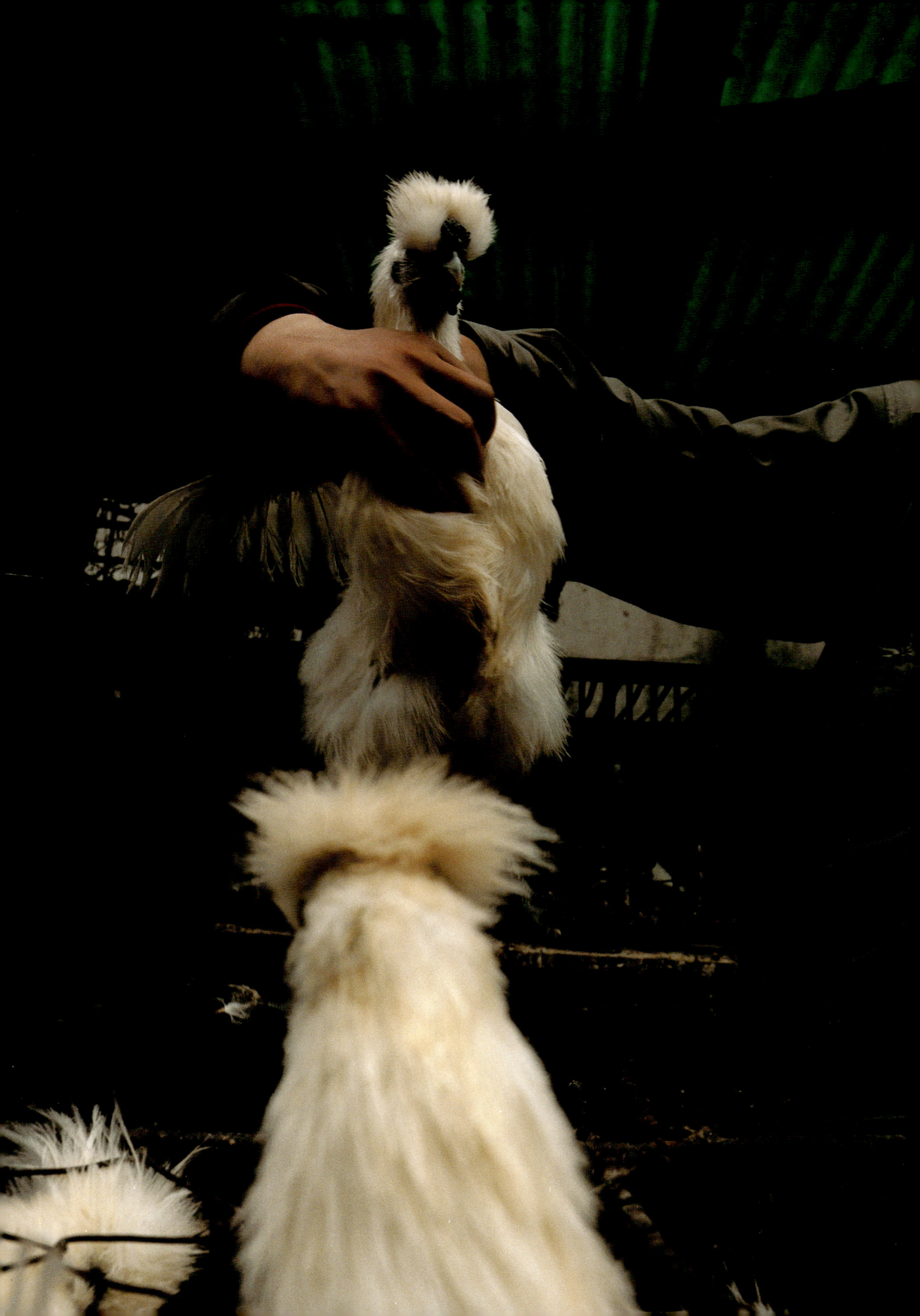

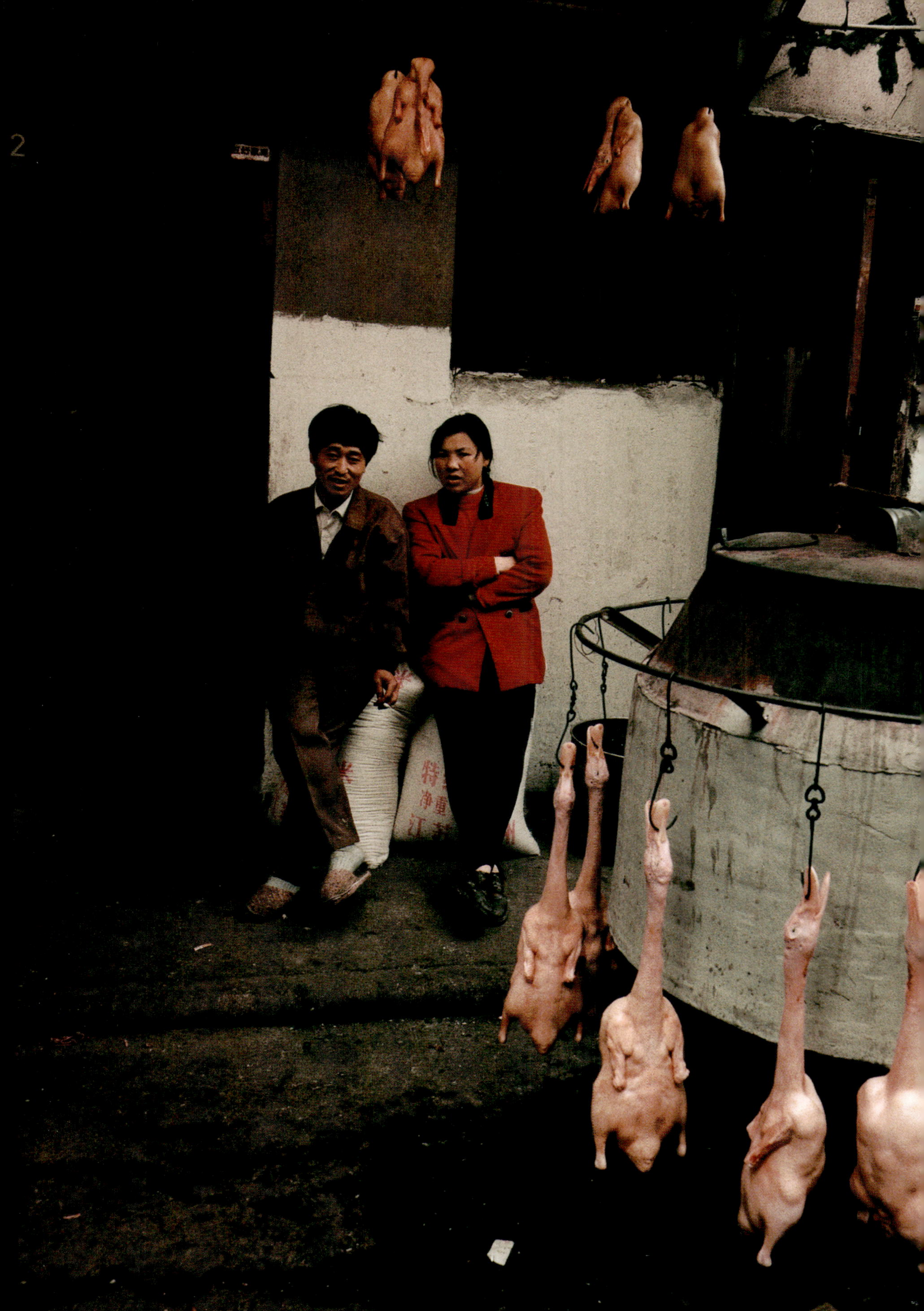

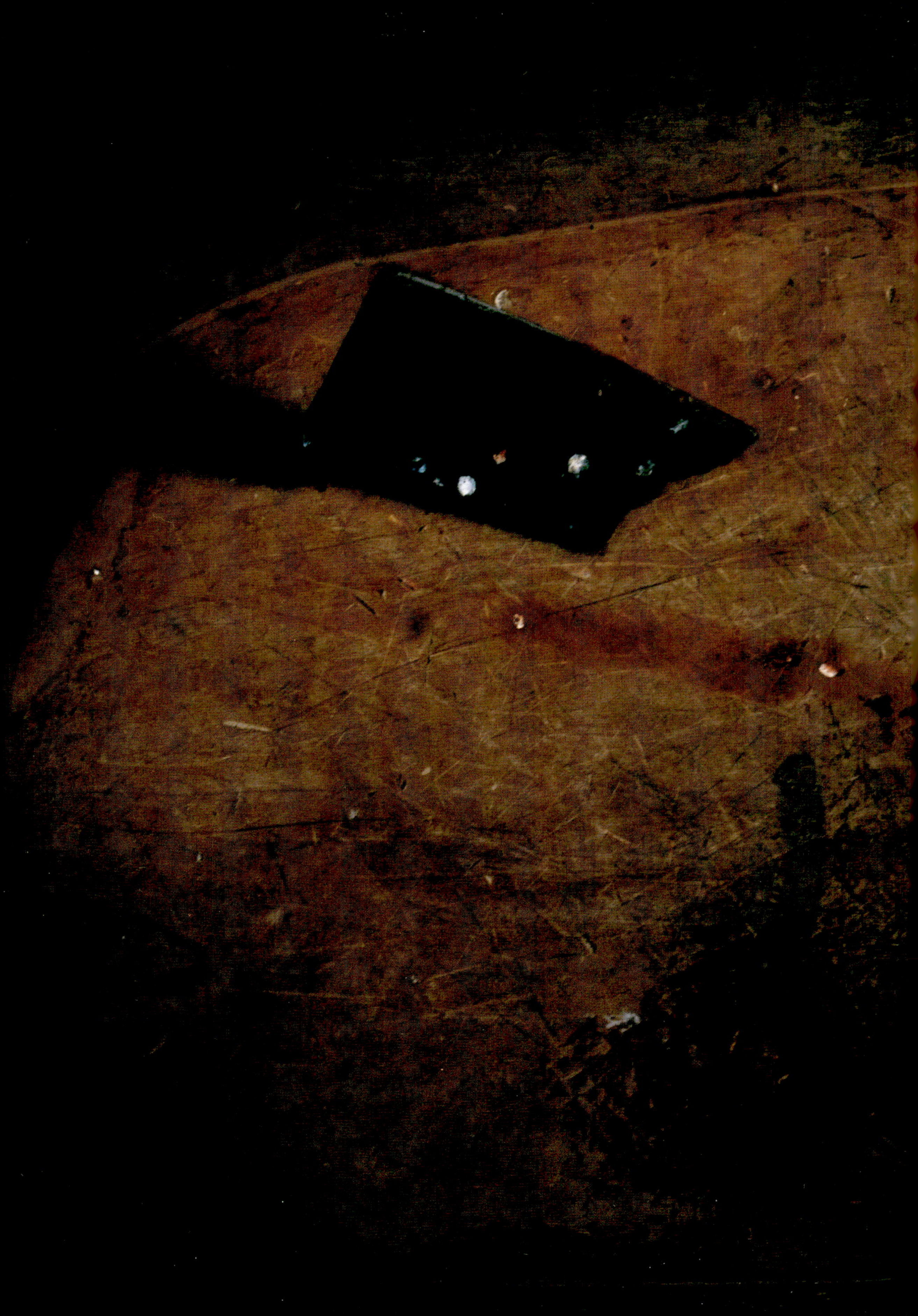

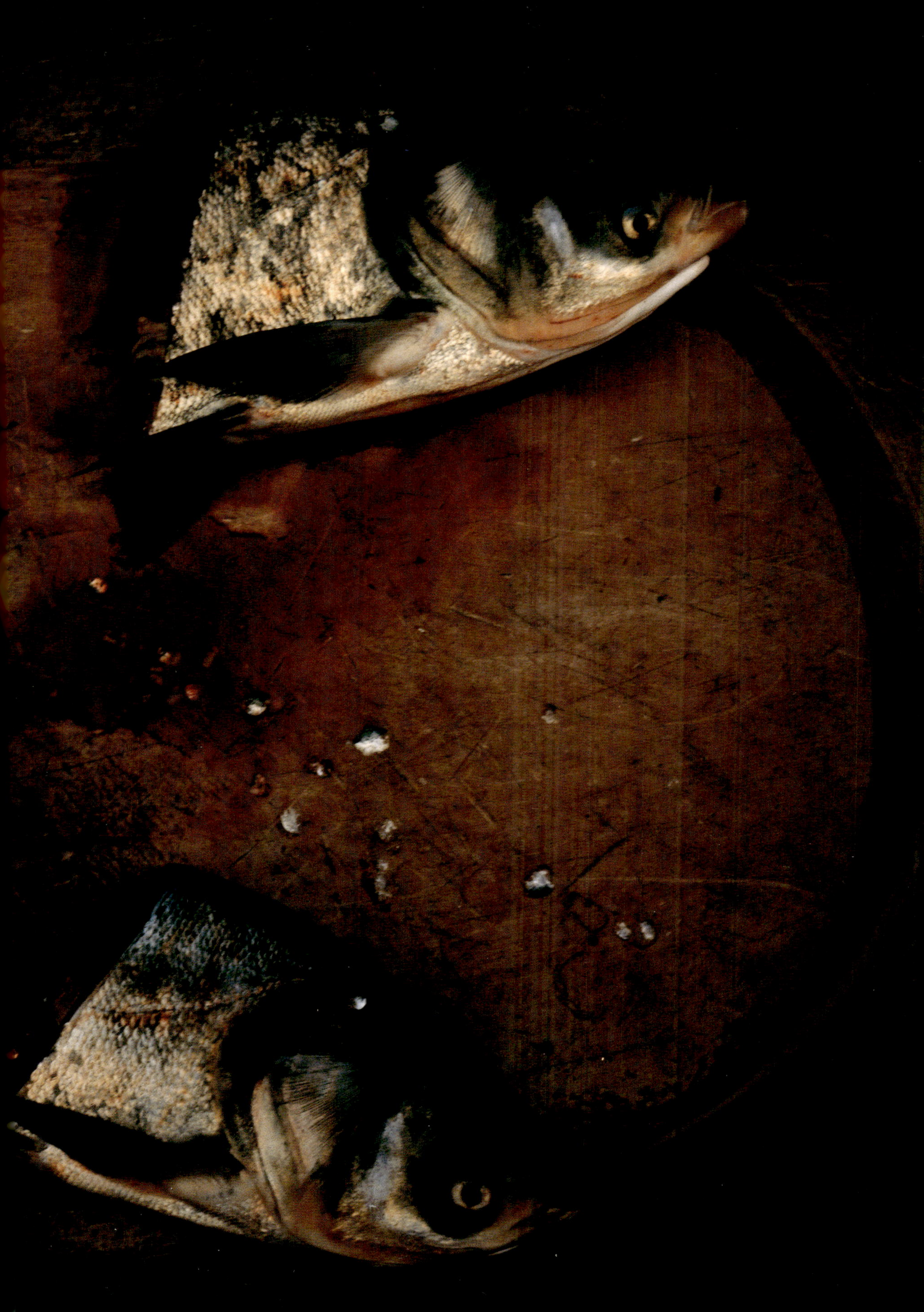

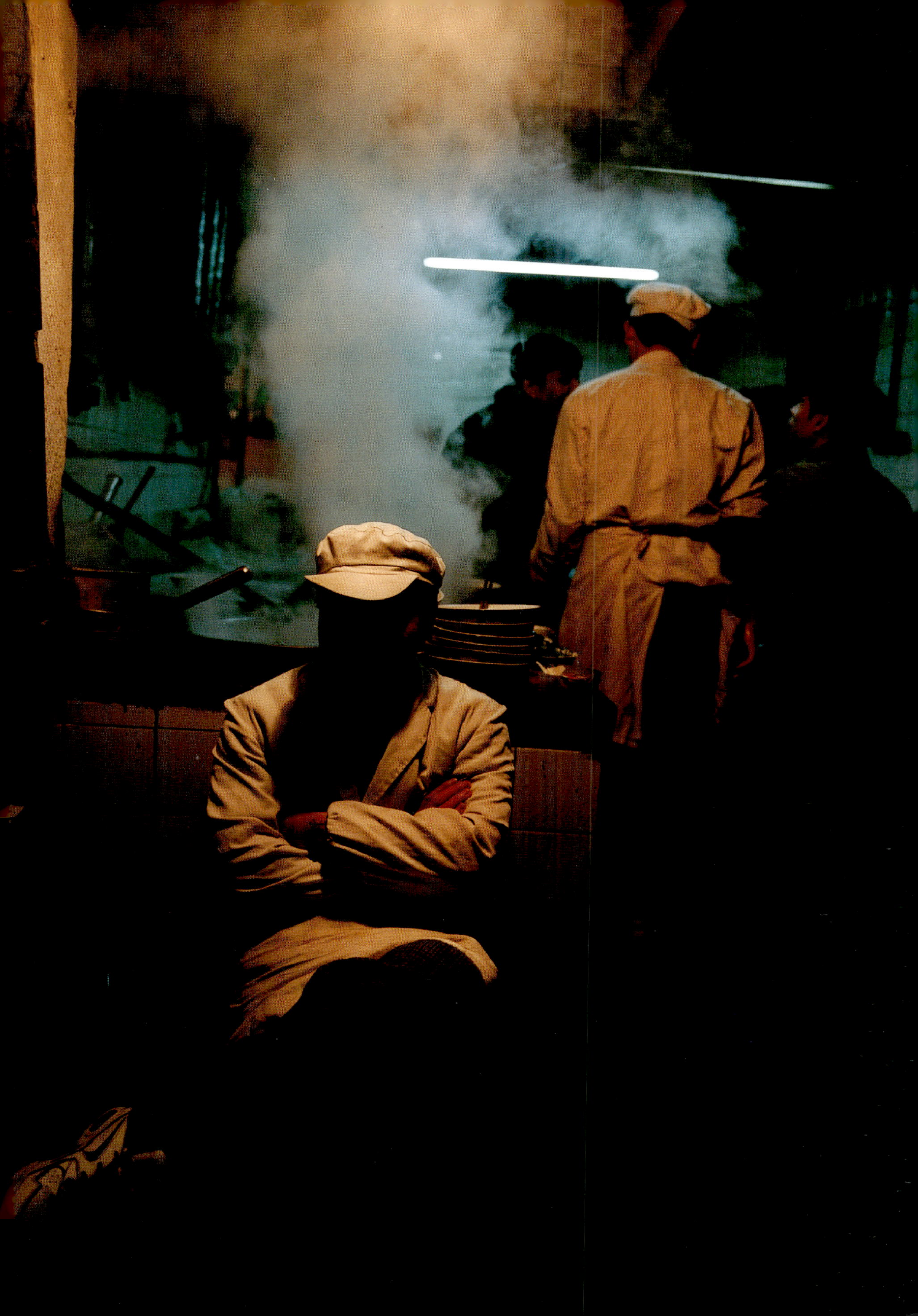

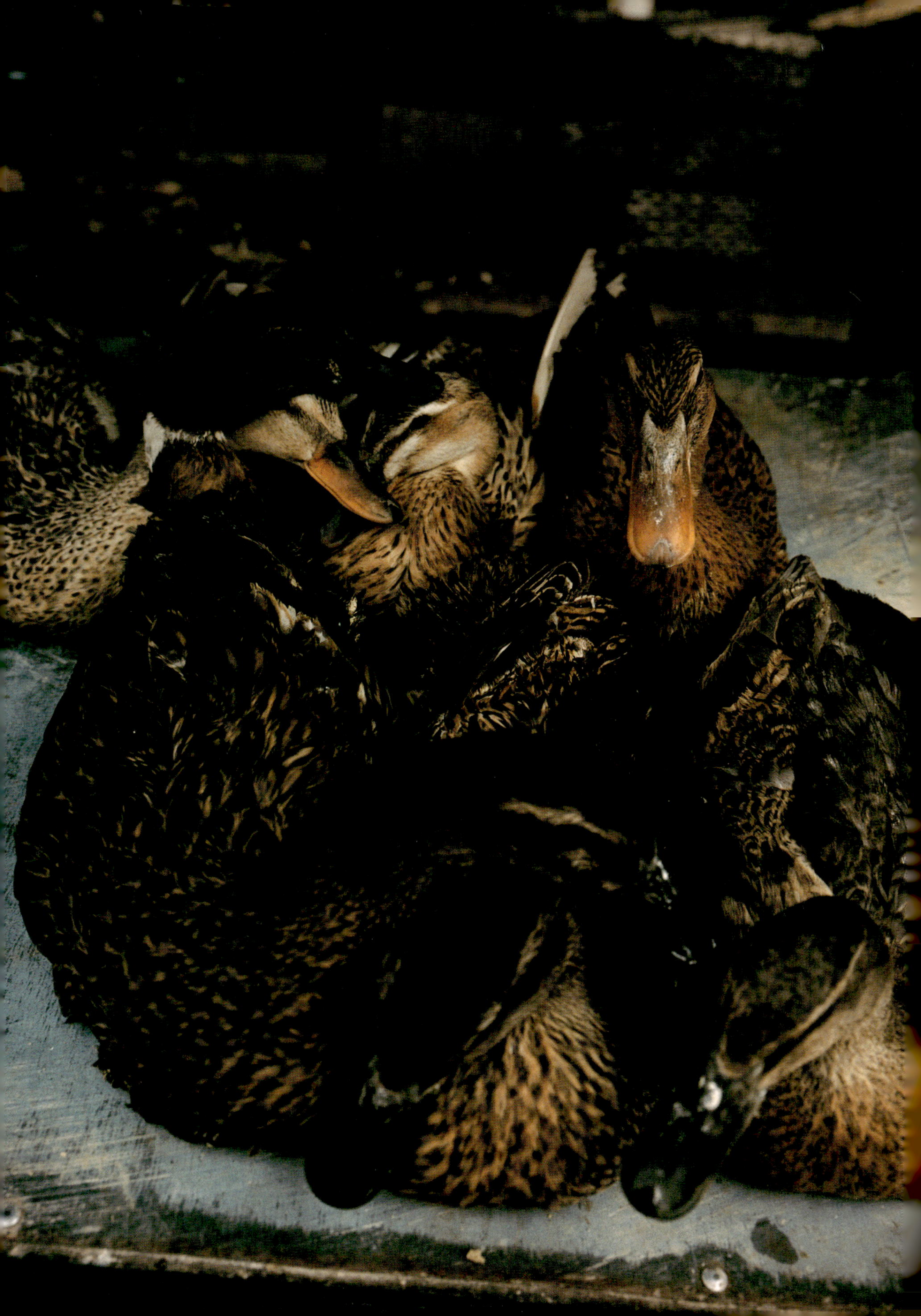

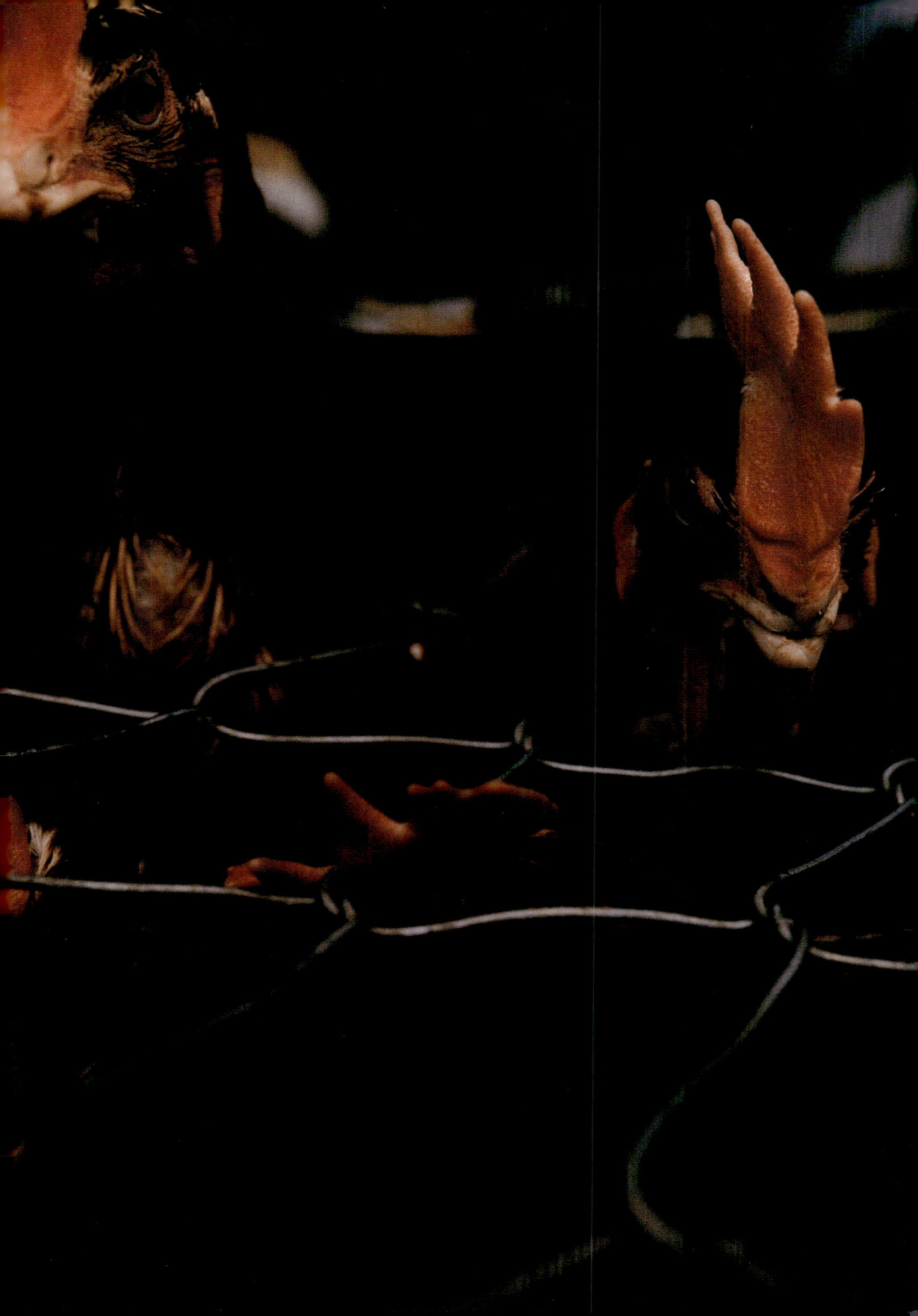

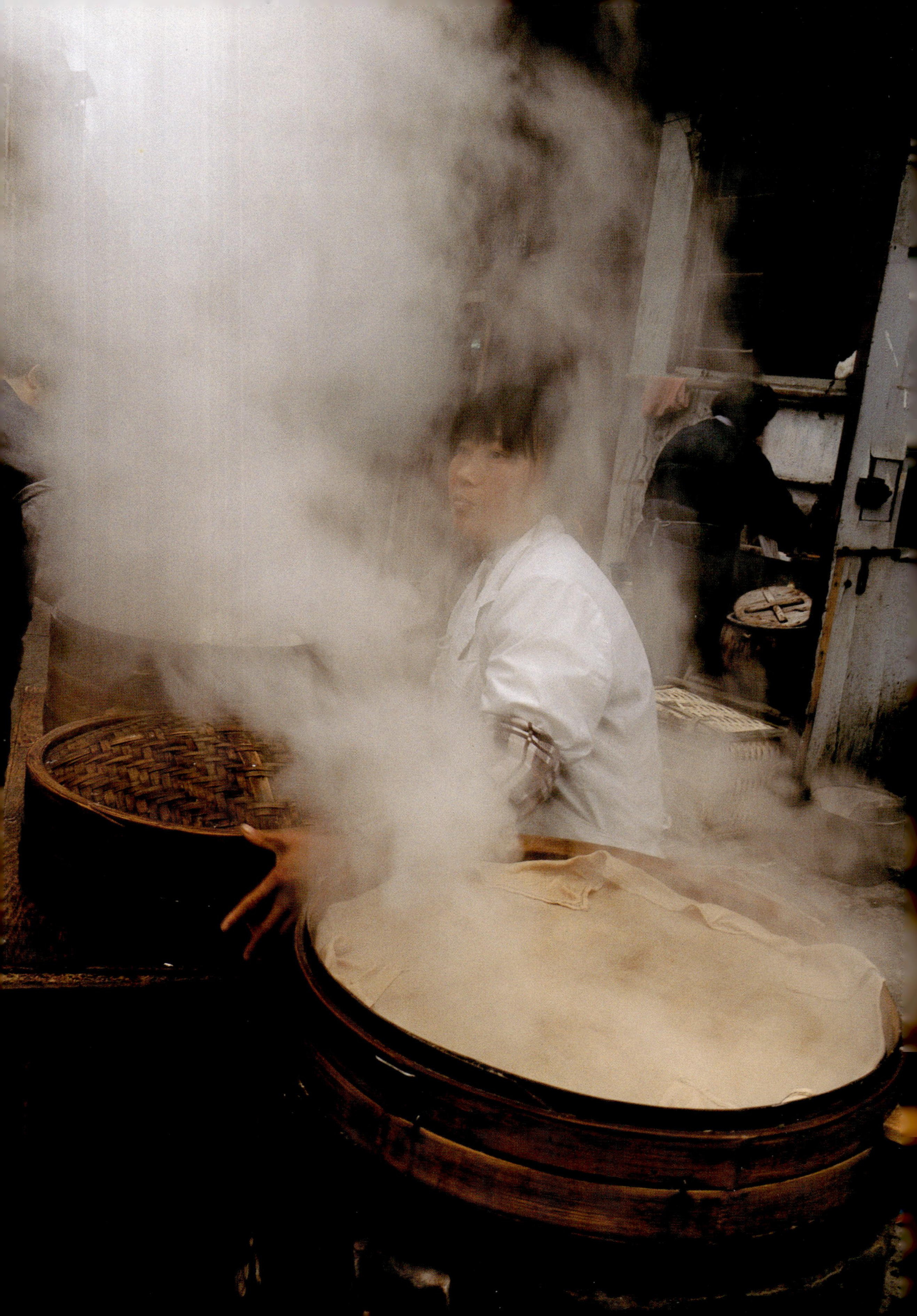

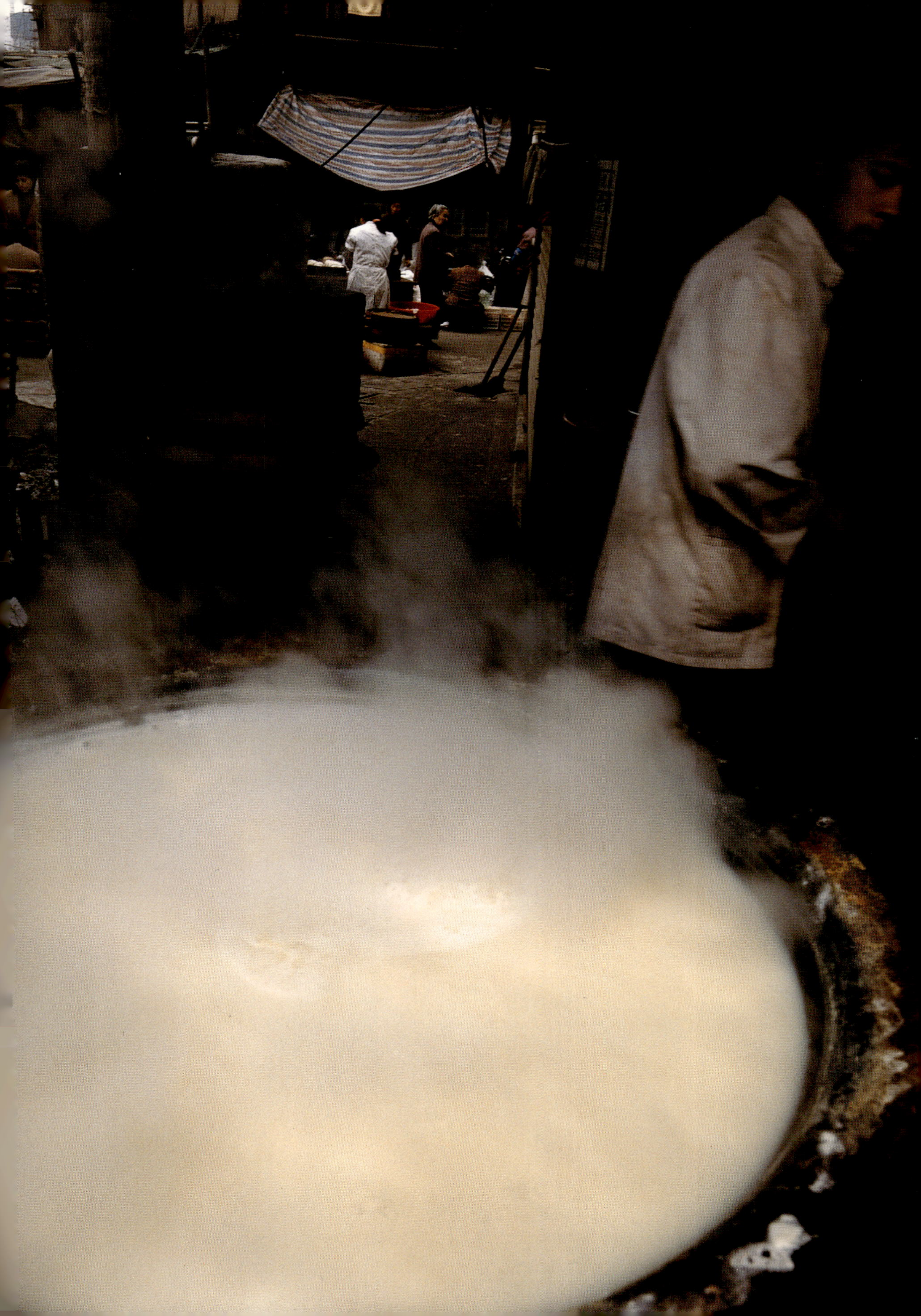

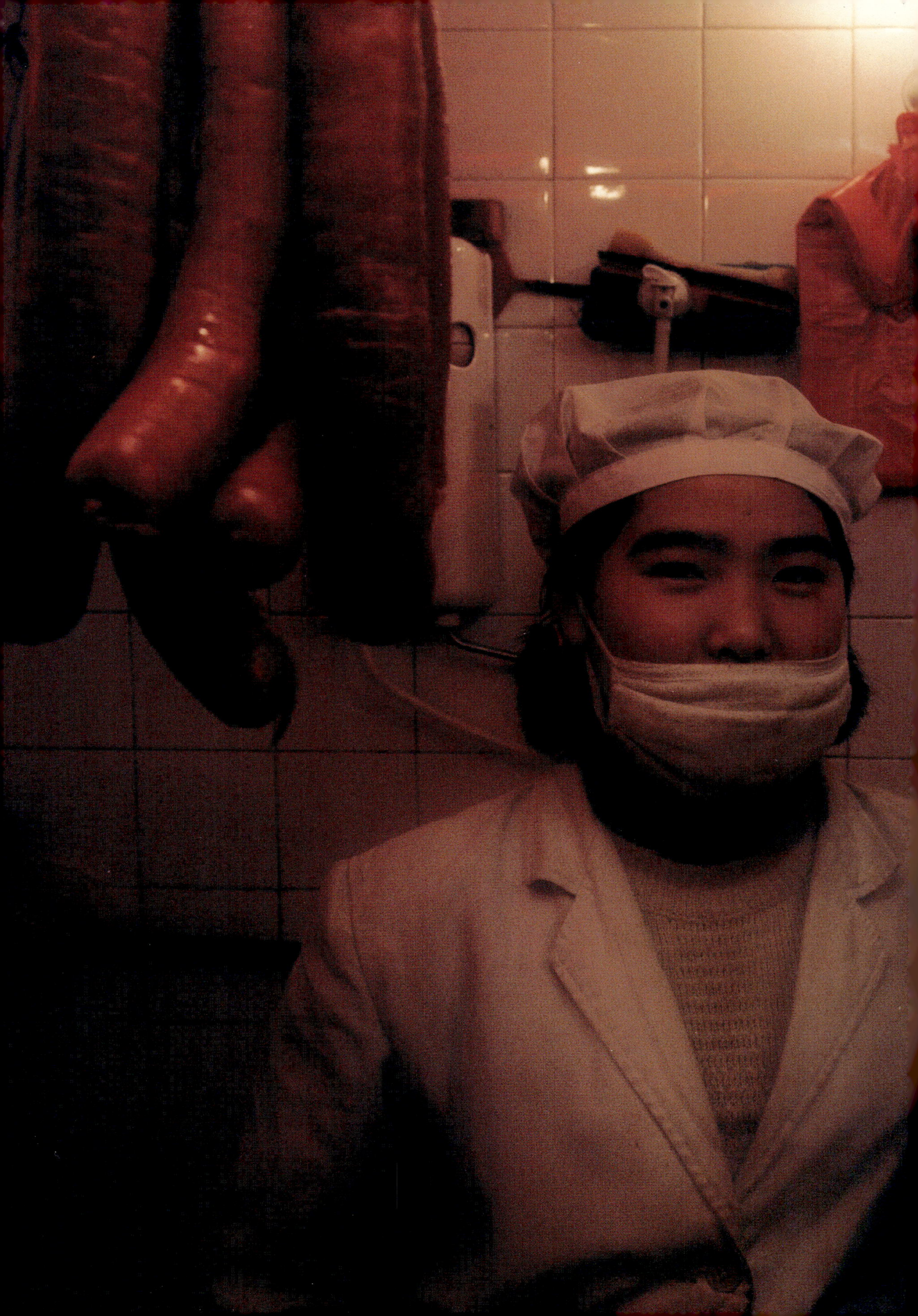

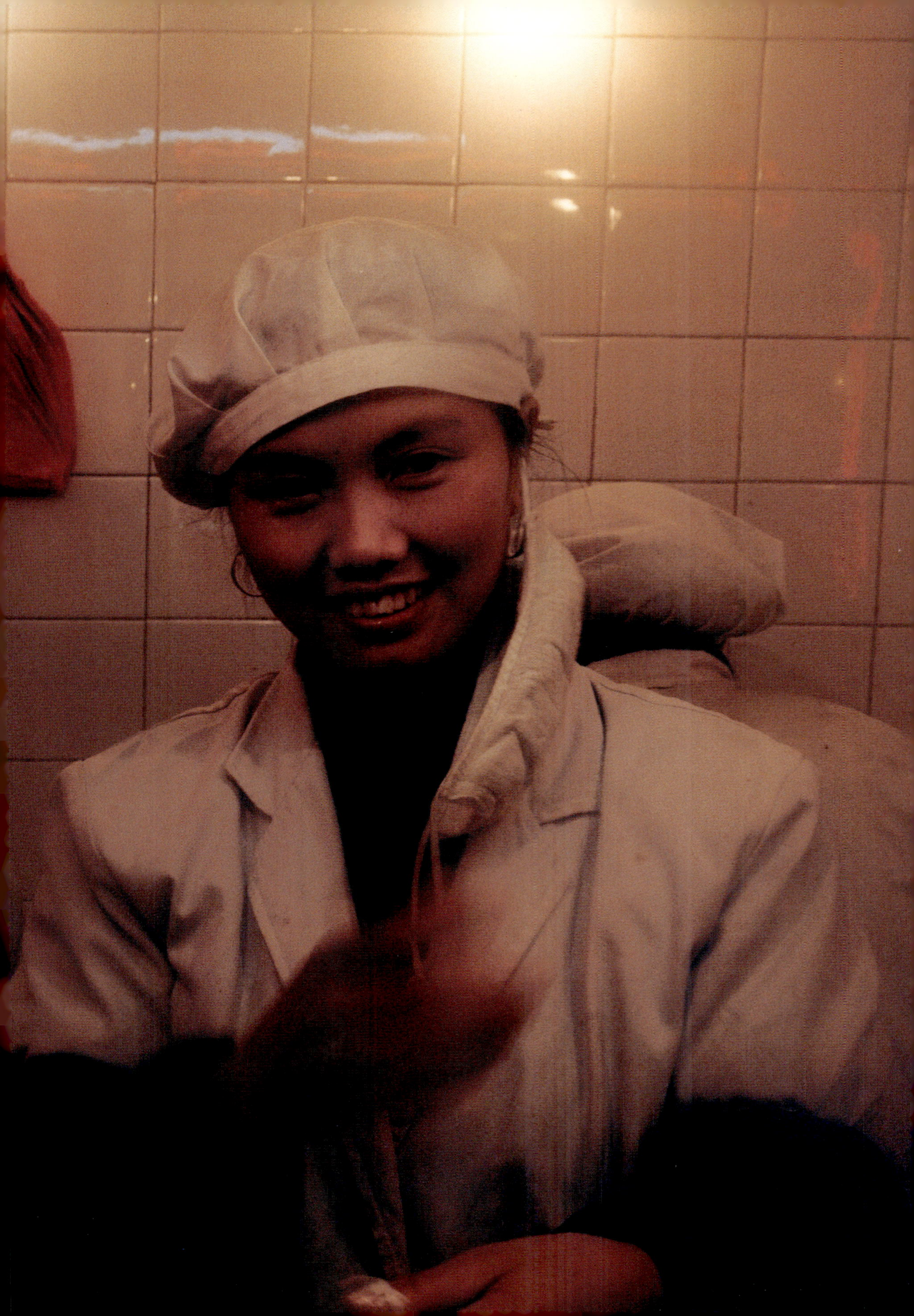

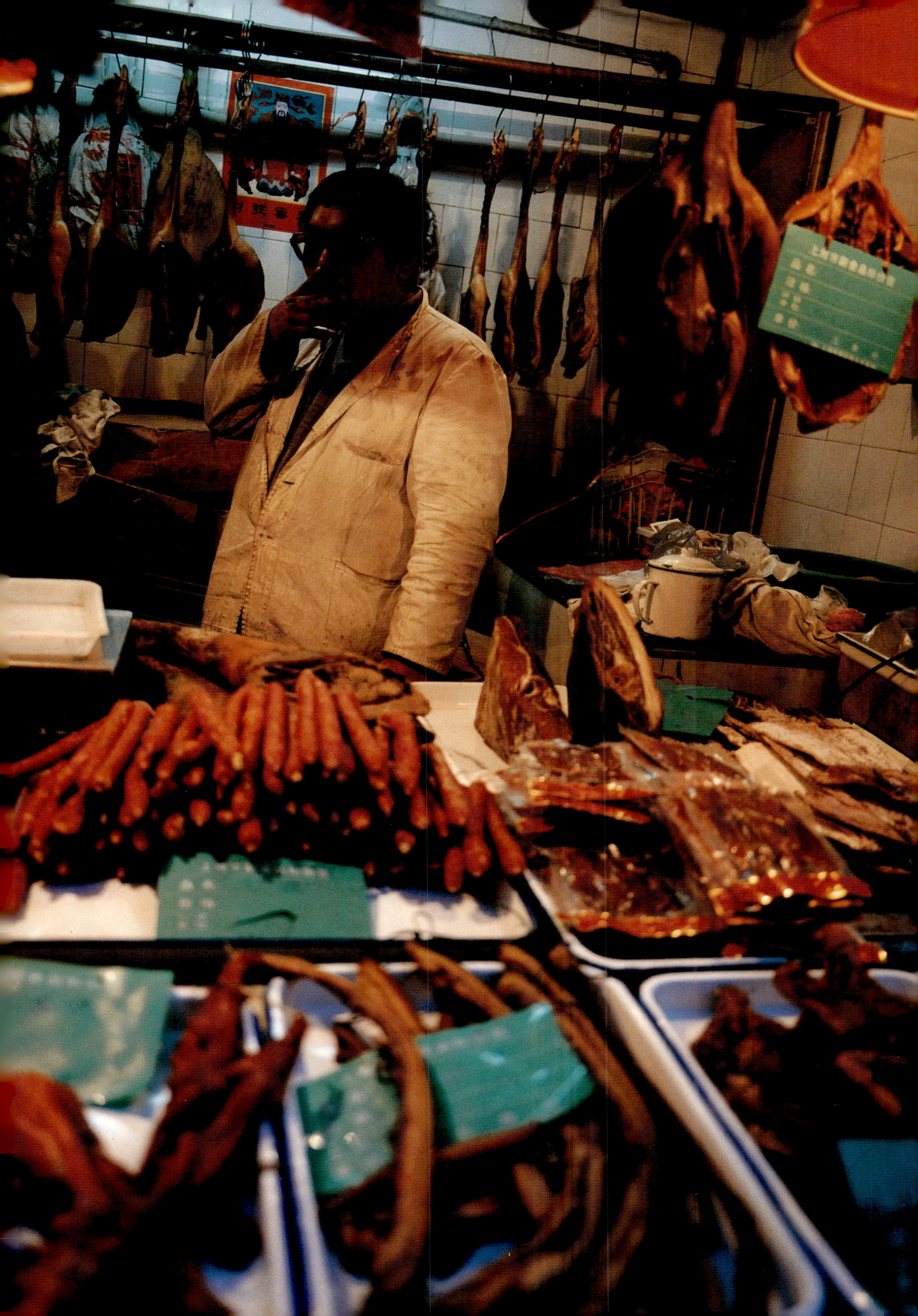

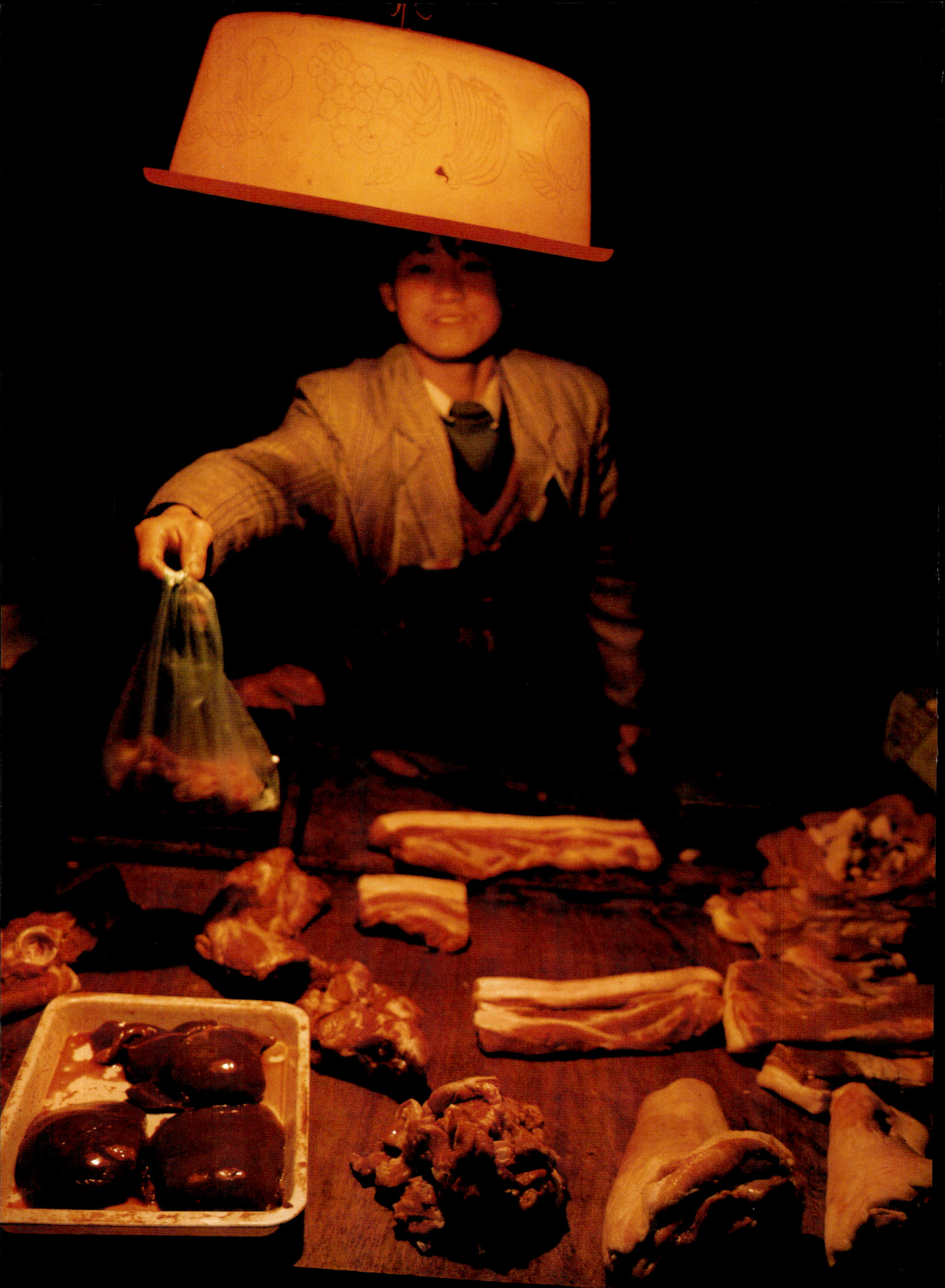

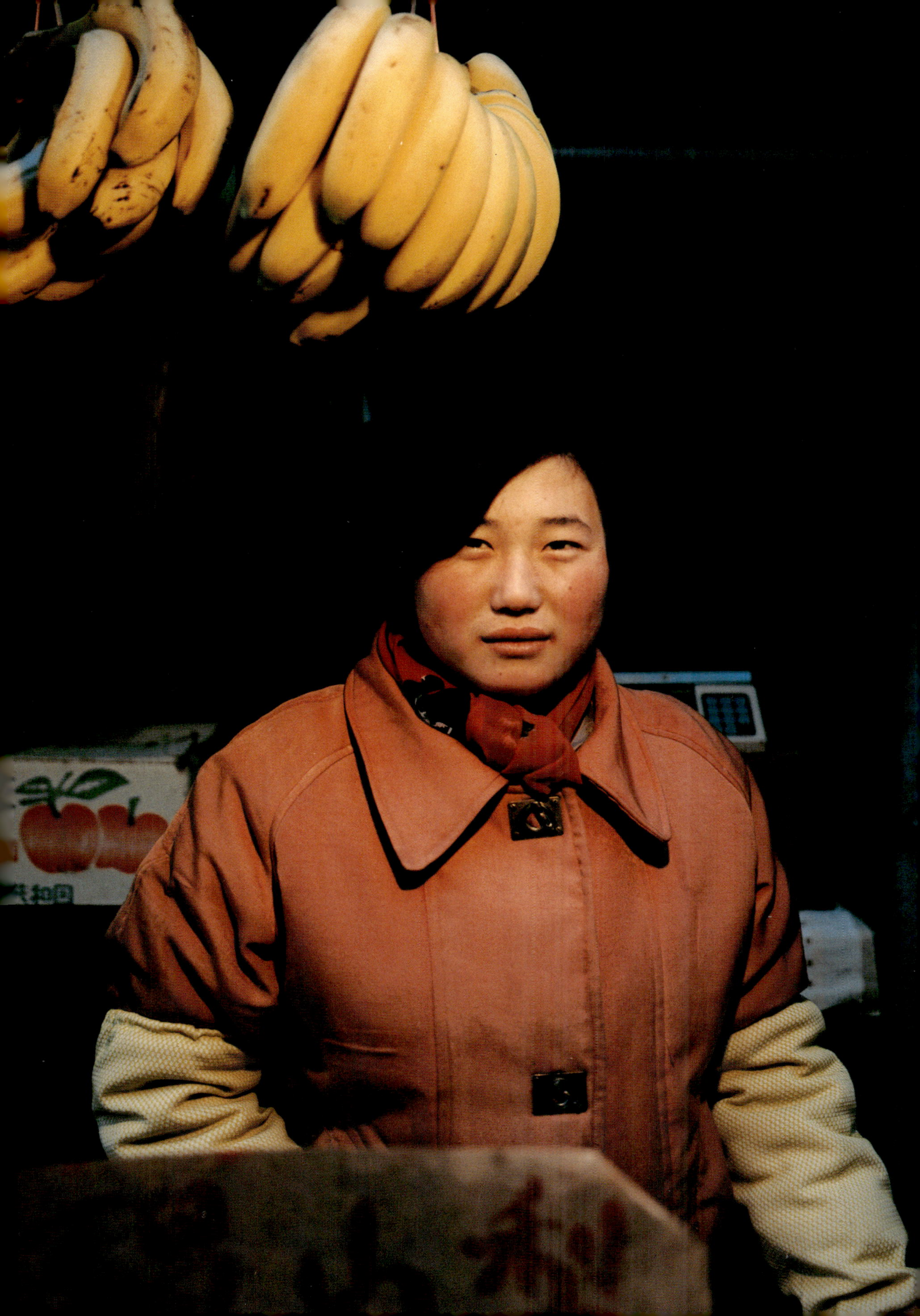

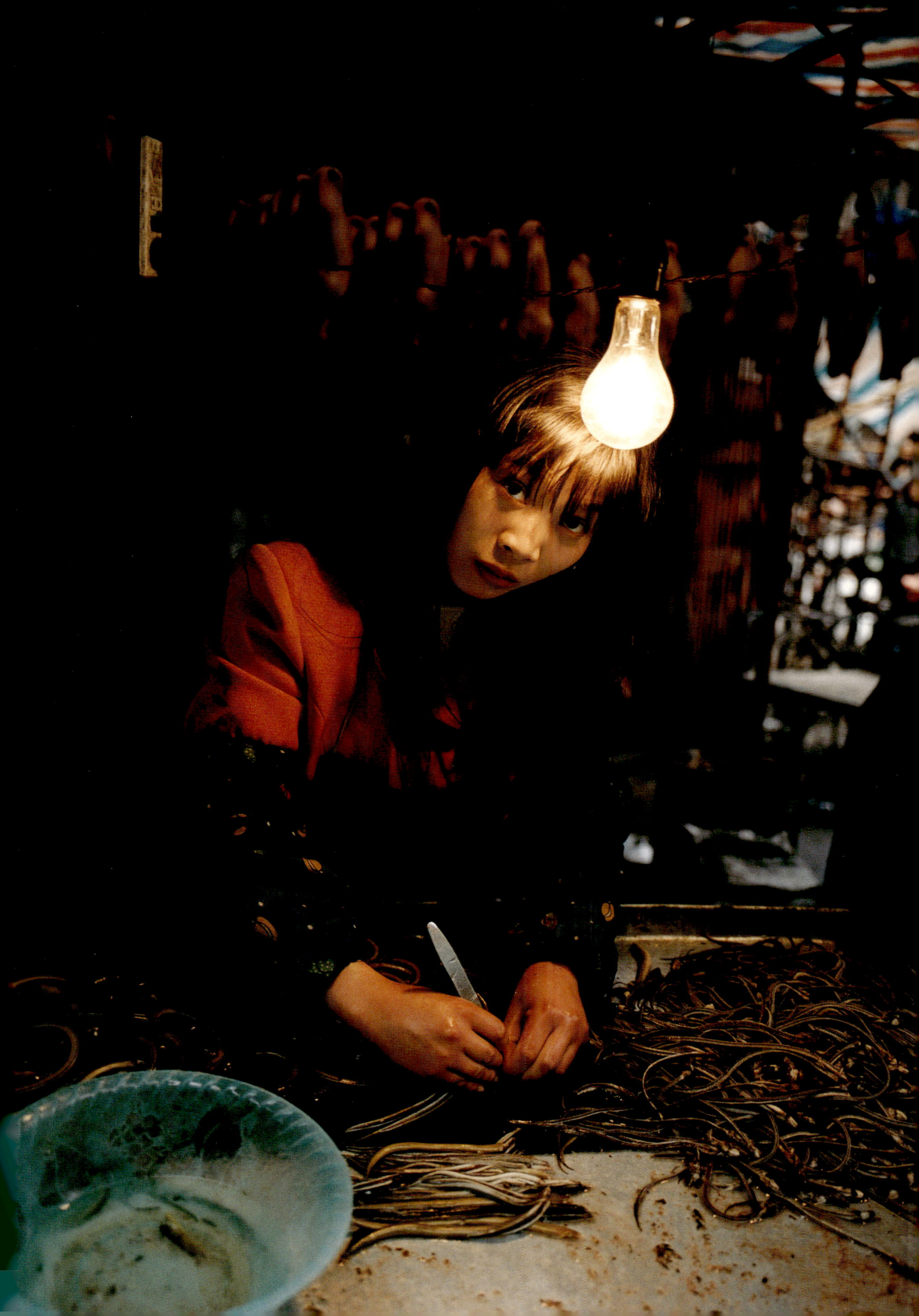

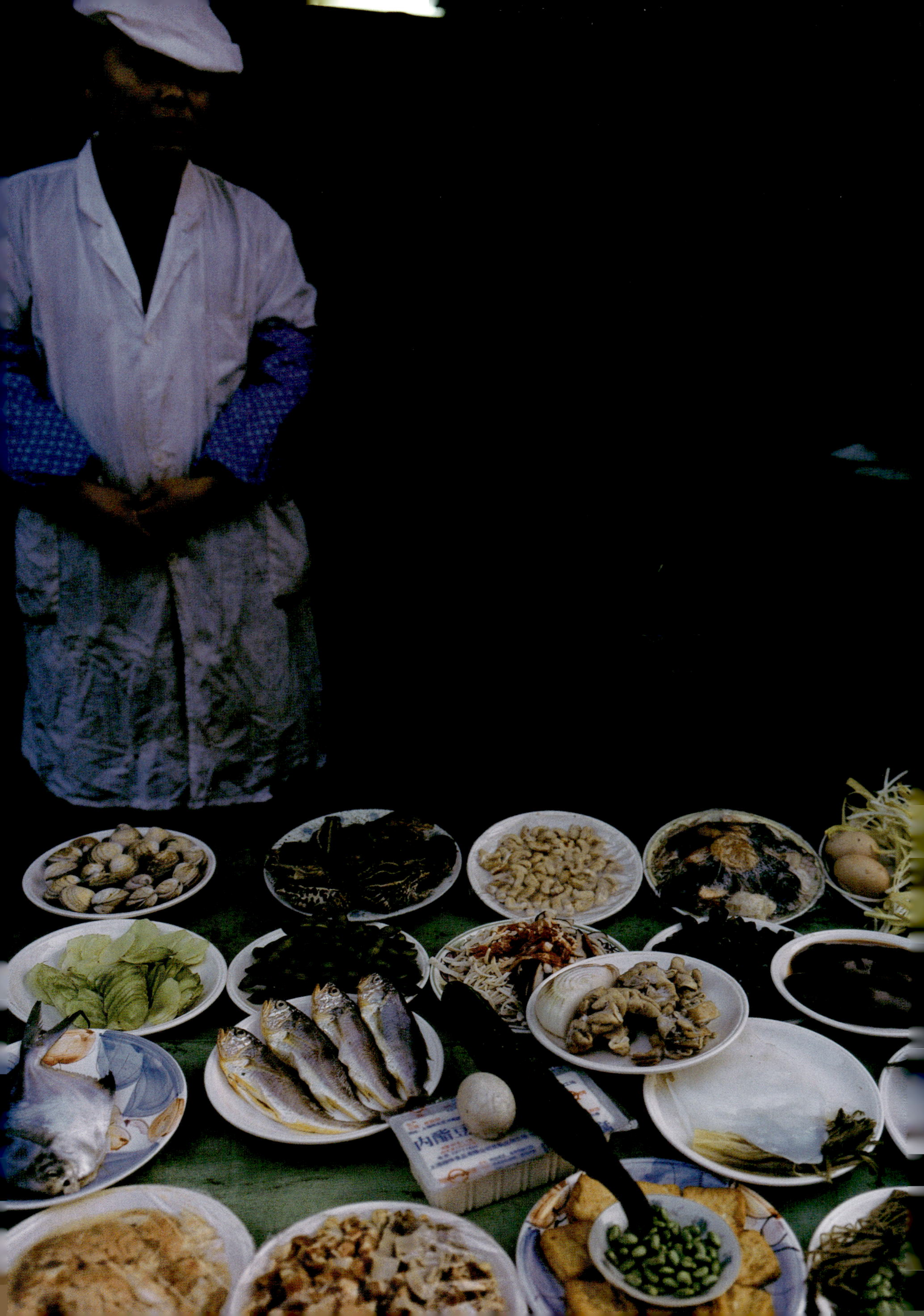

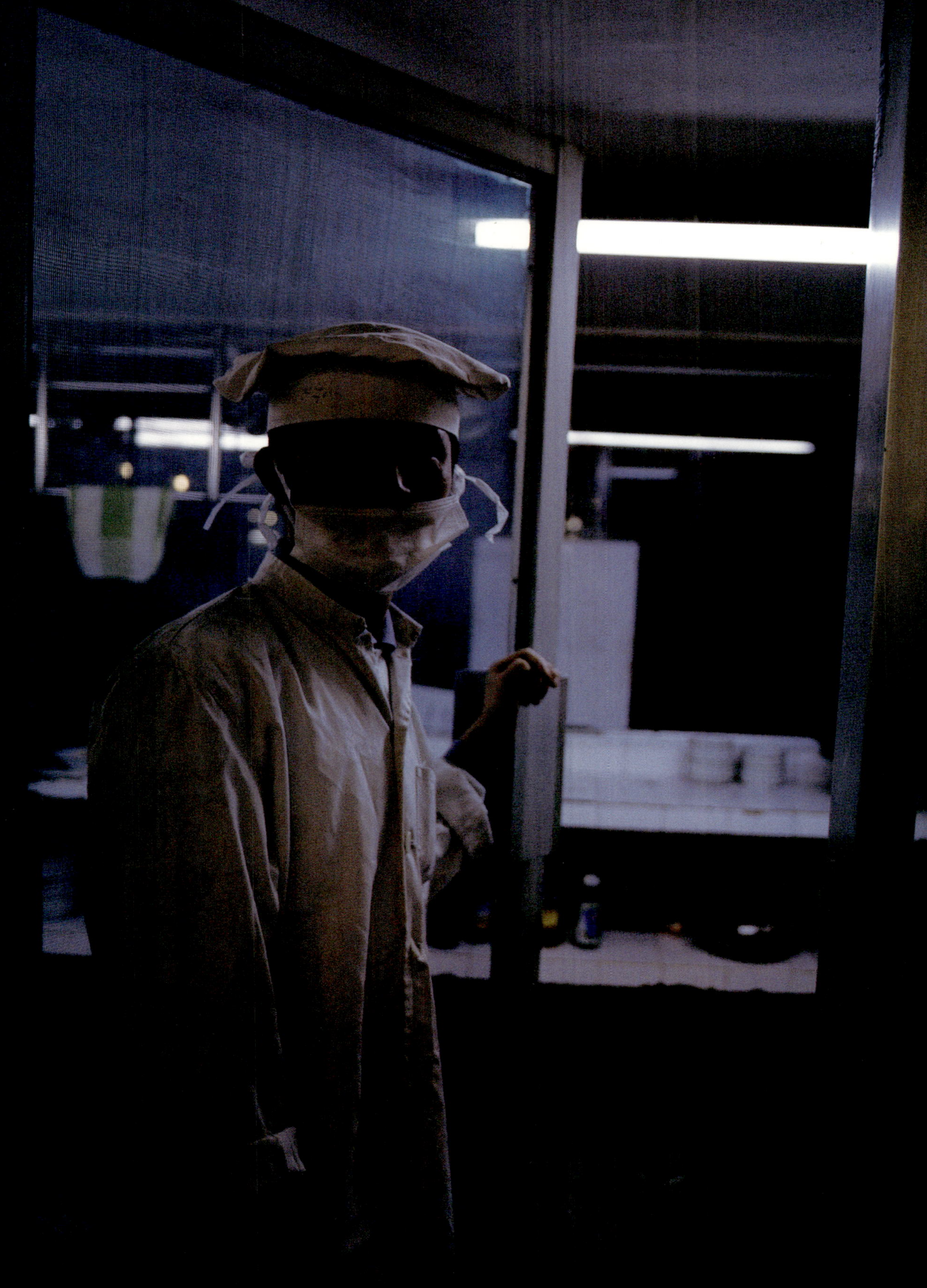

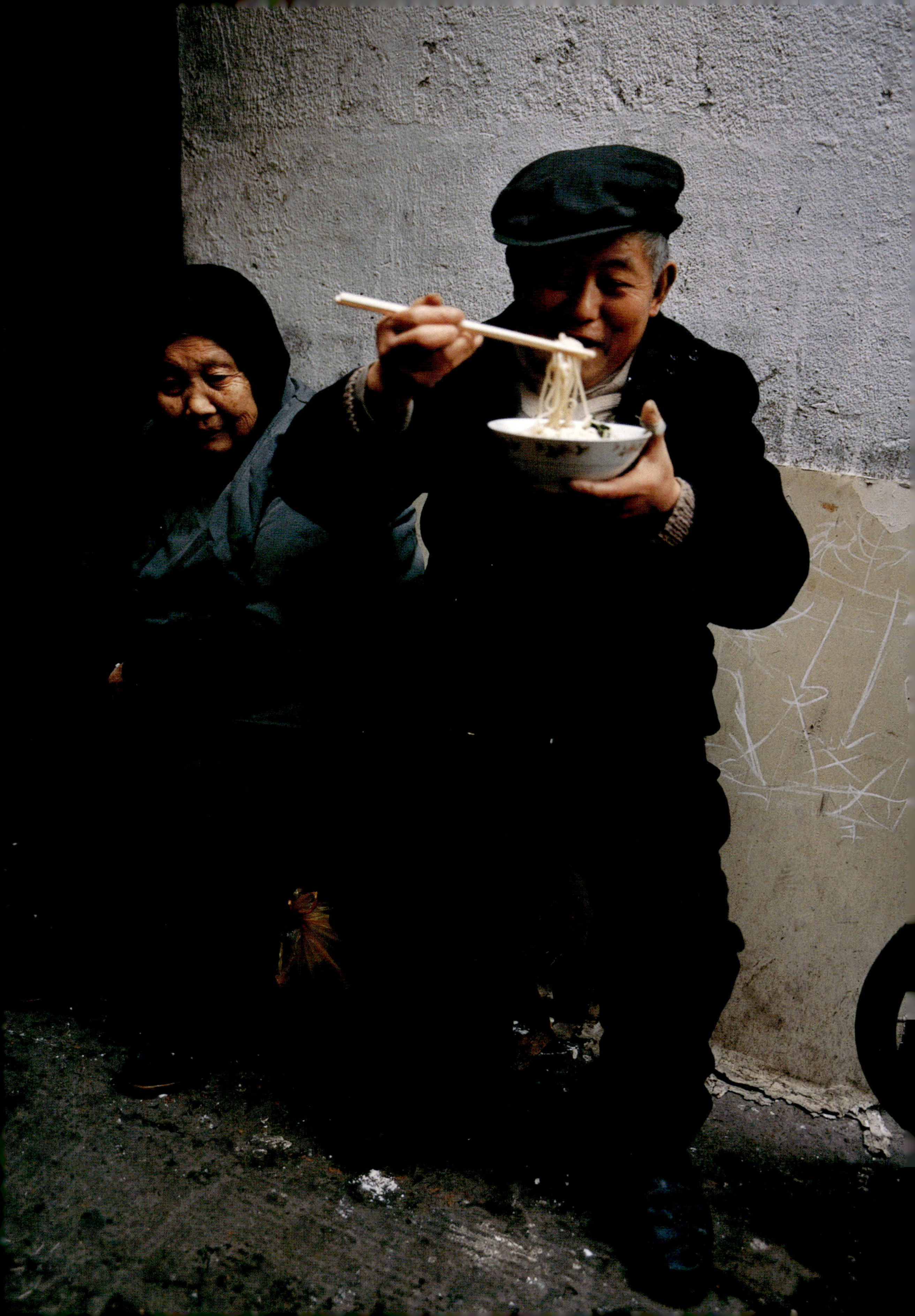

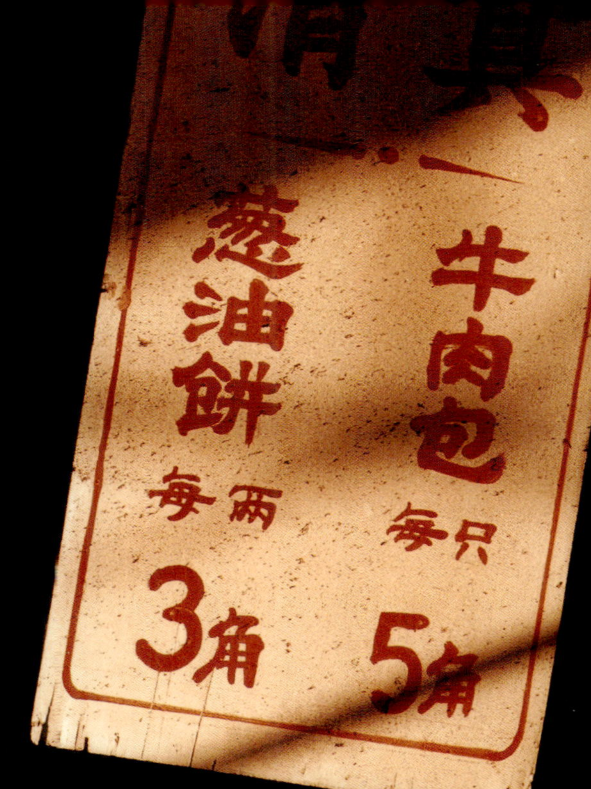
葱油拌面　3两　3.50元
2两　3.00元
牛肉炒面　3两　4.00元
2两　3.50元
肉炒面片　3两　4.00元
2两　3.50元
包蛋面　3.00元
牛肉粉丝汤　1.50元
种家炒菜
葱油饼　每两　3角
牛肉包　每只　5角

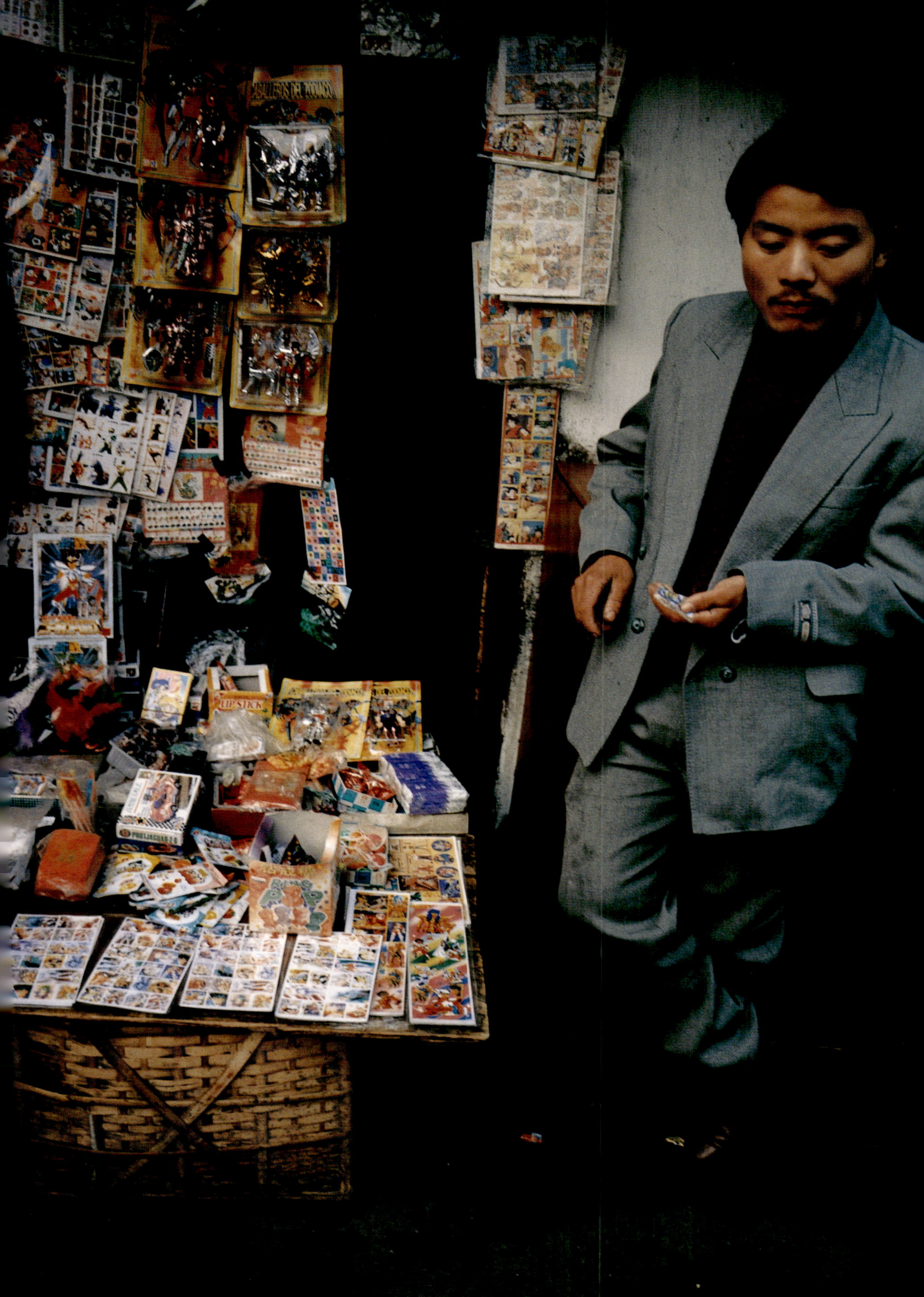

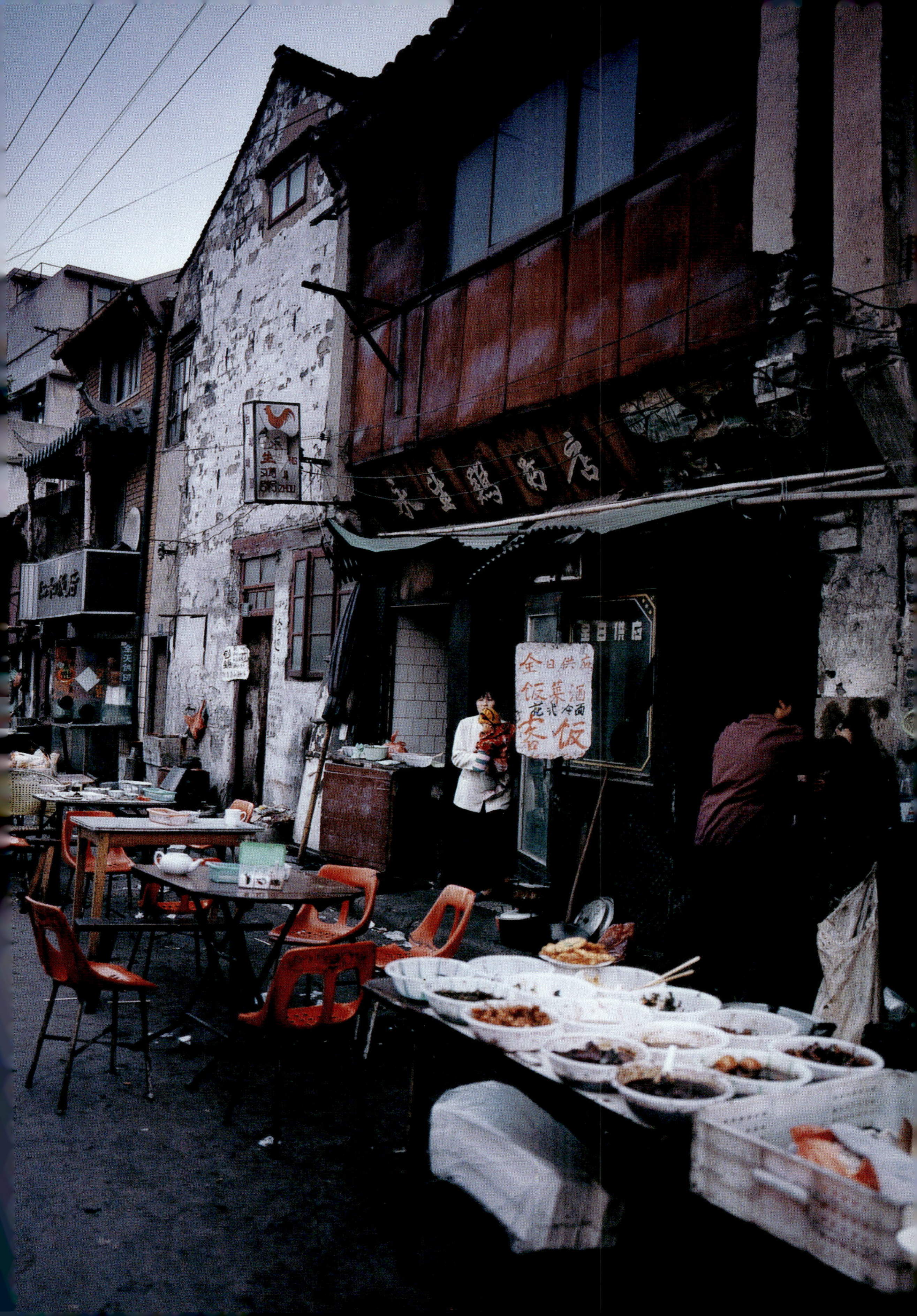
永生雞鴨店
全日供應
全日供應
酒
面
冷面
飯
全飯
菜式
茶

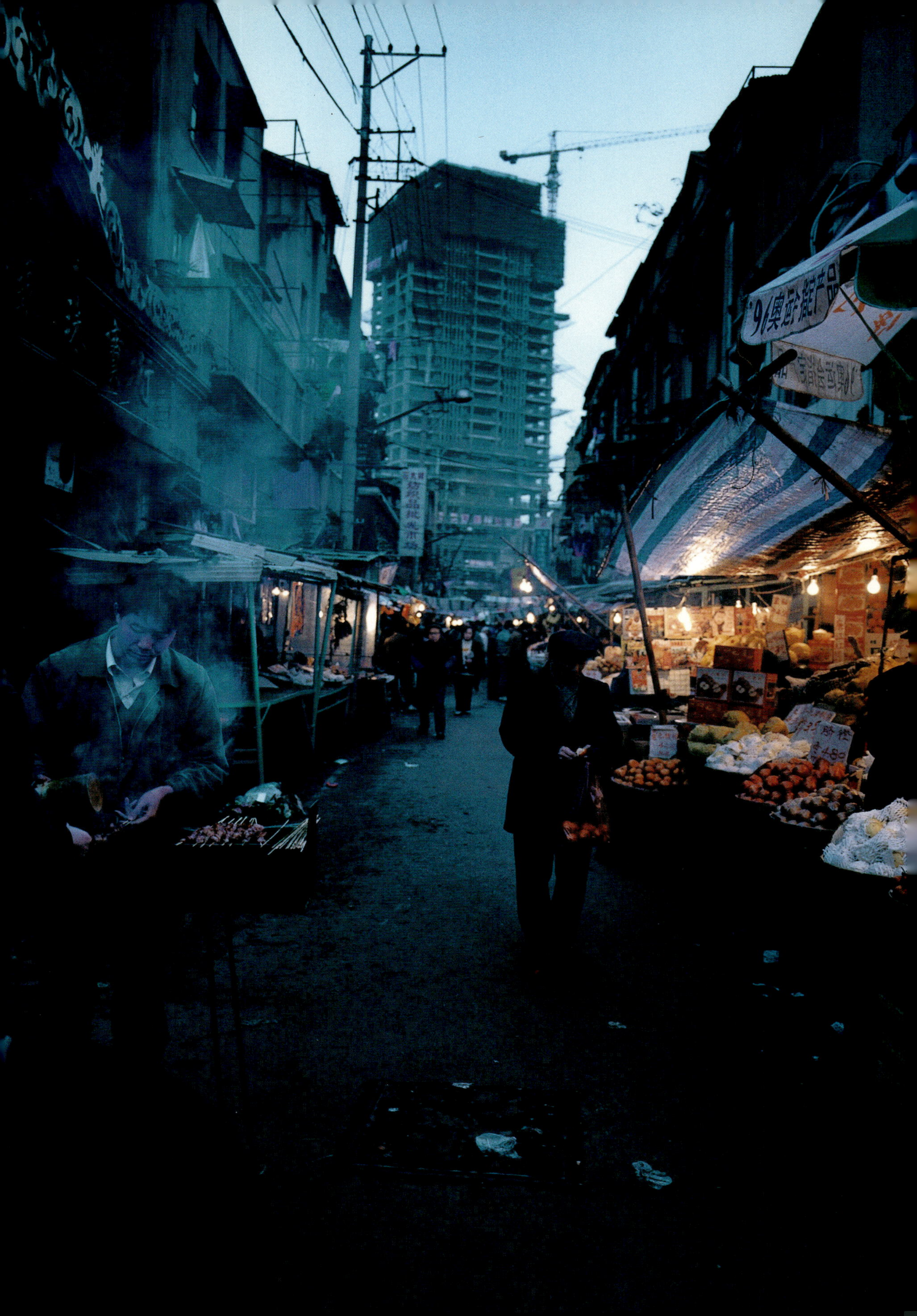

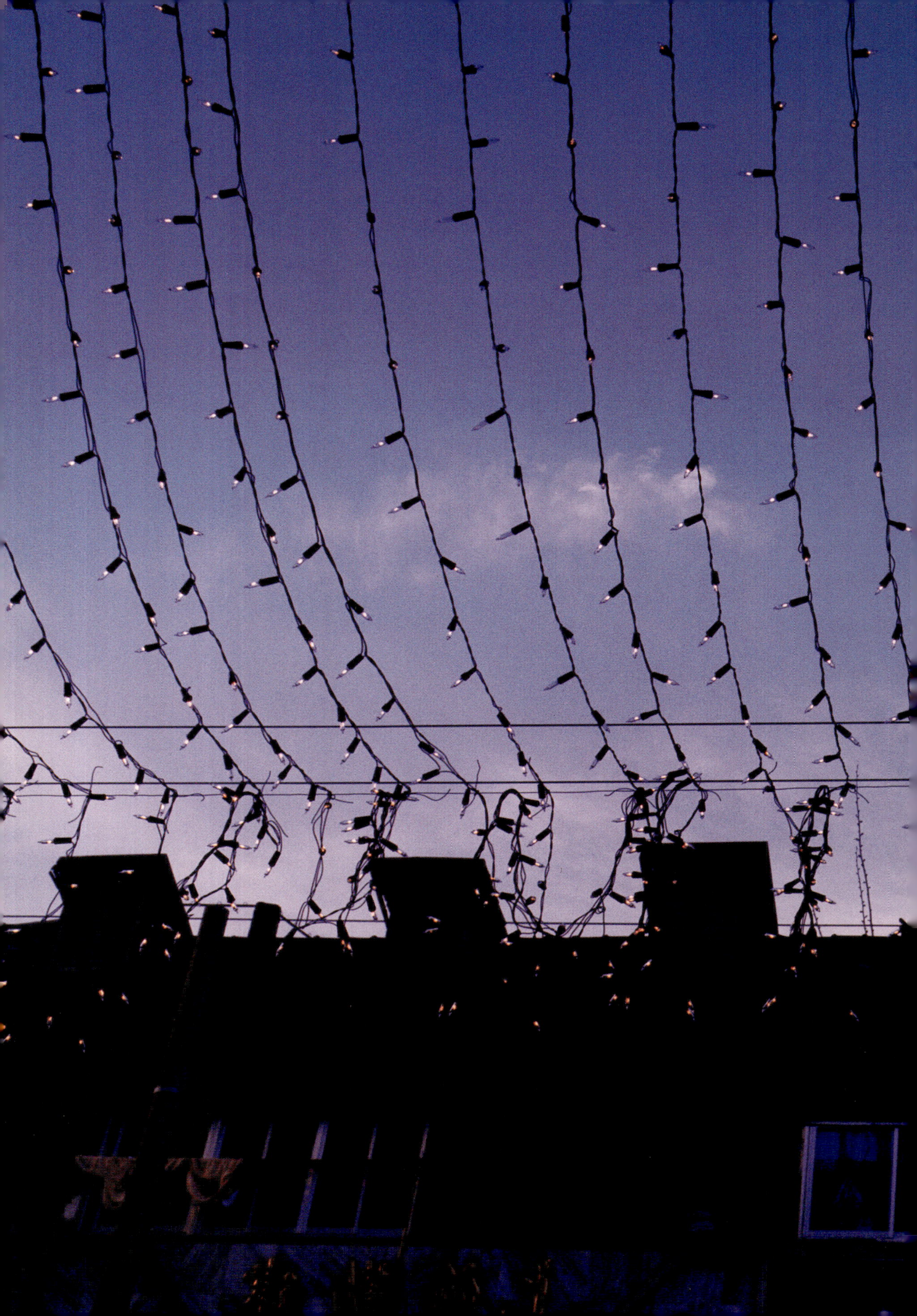

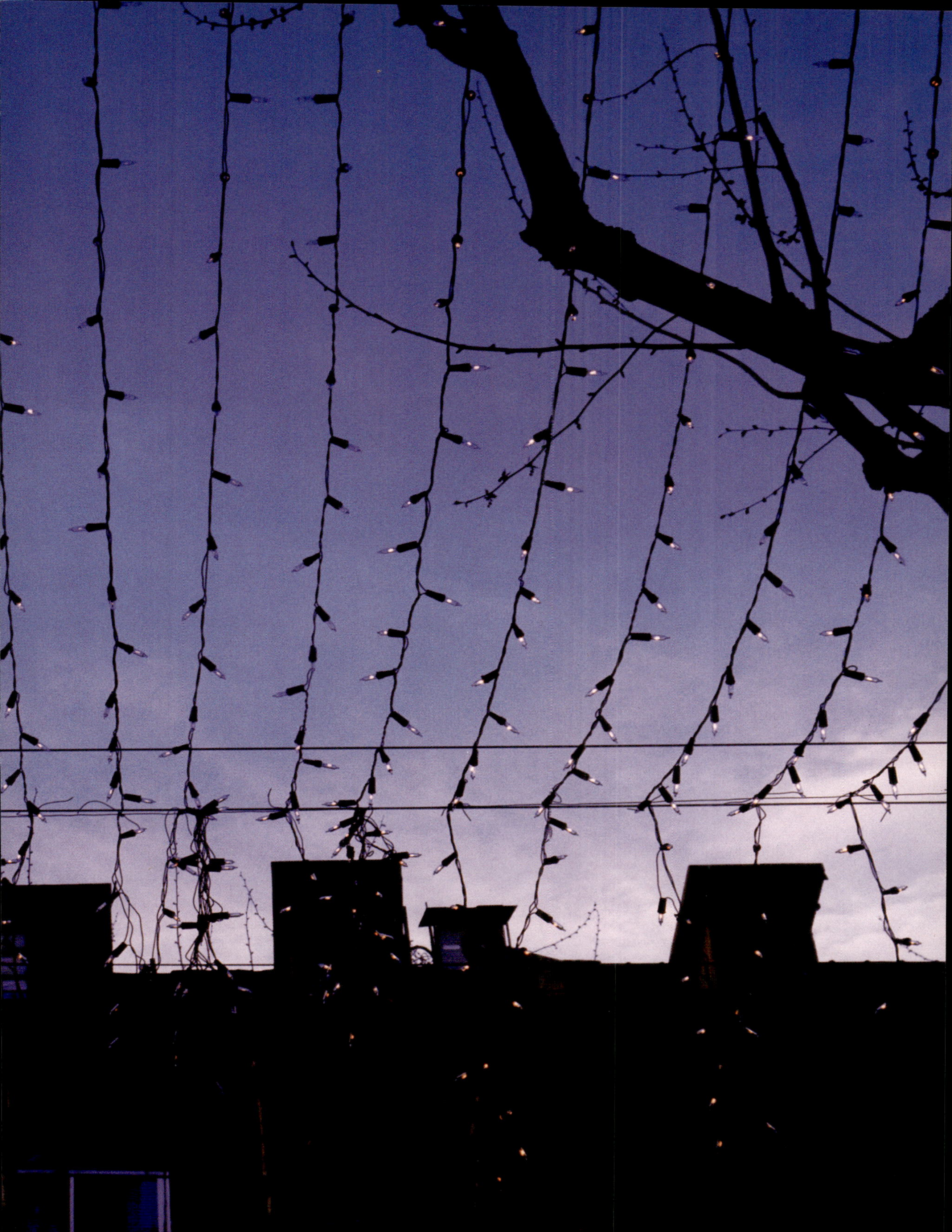

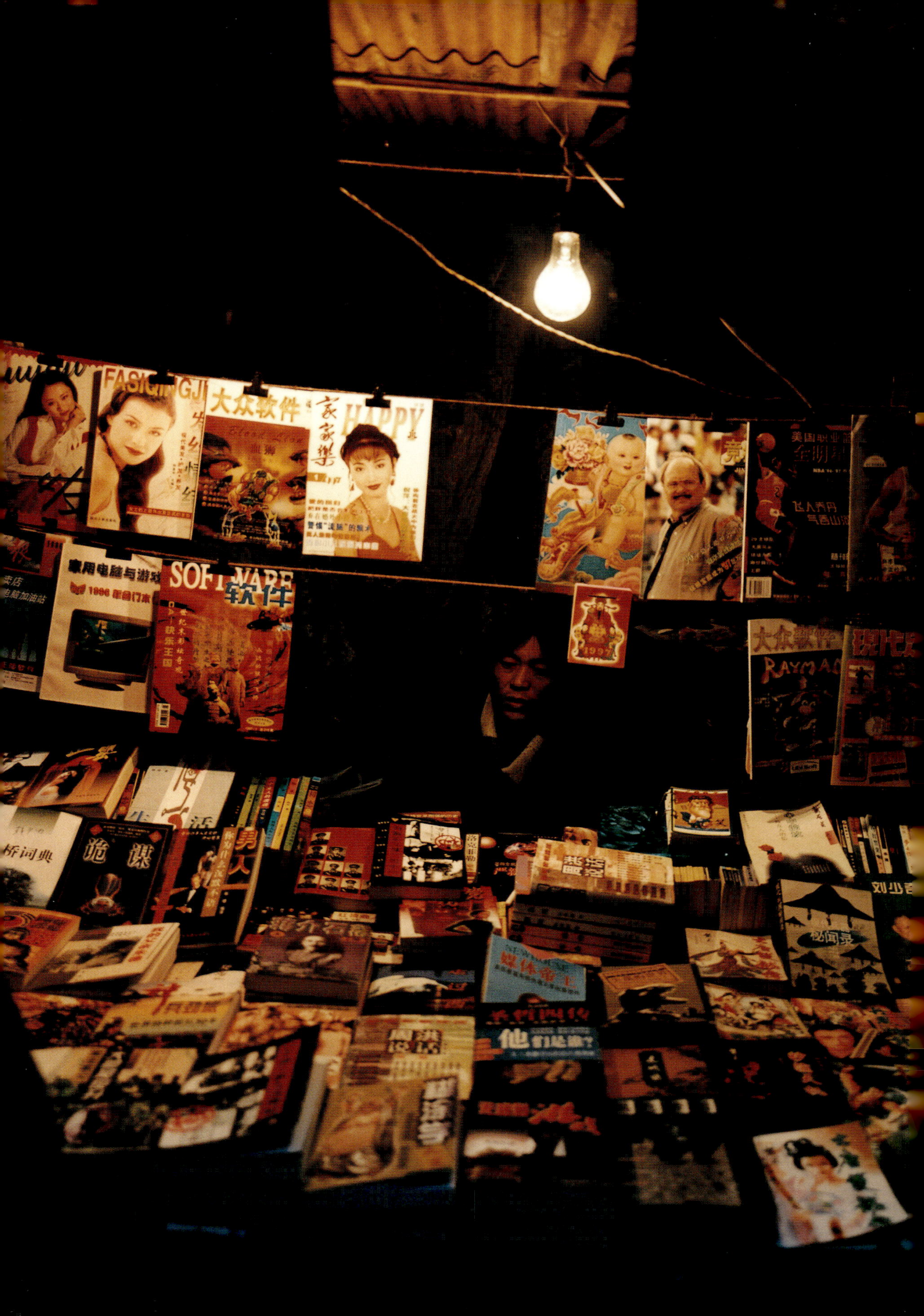

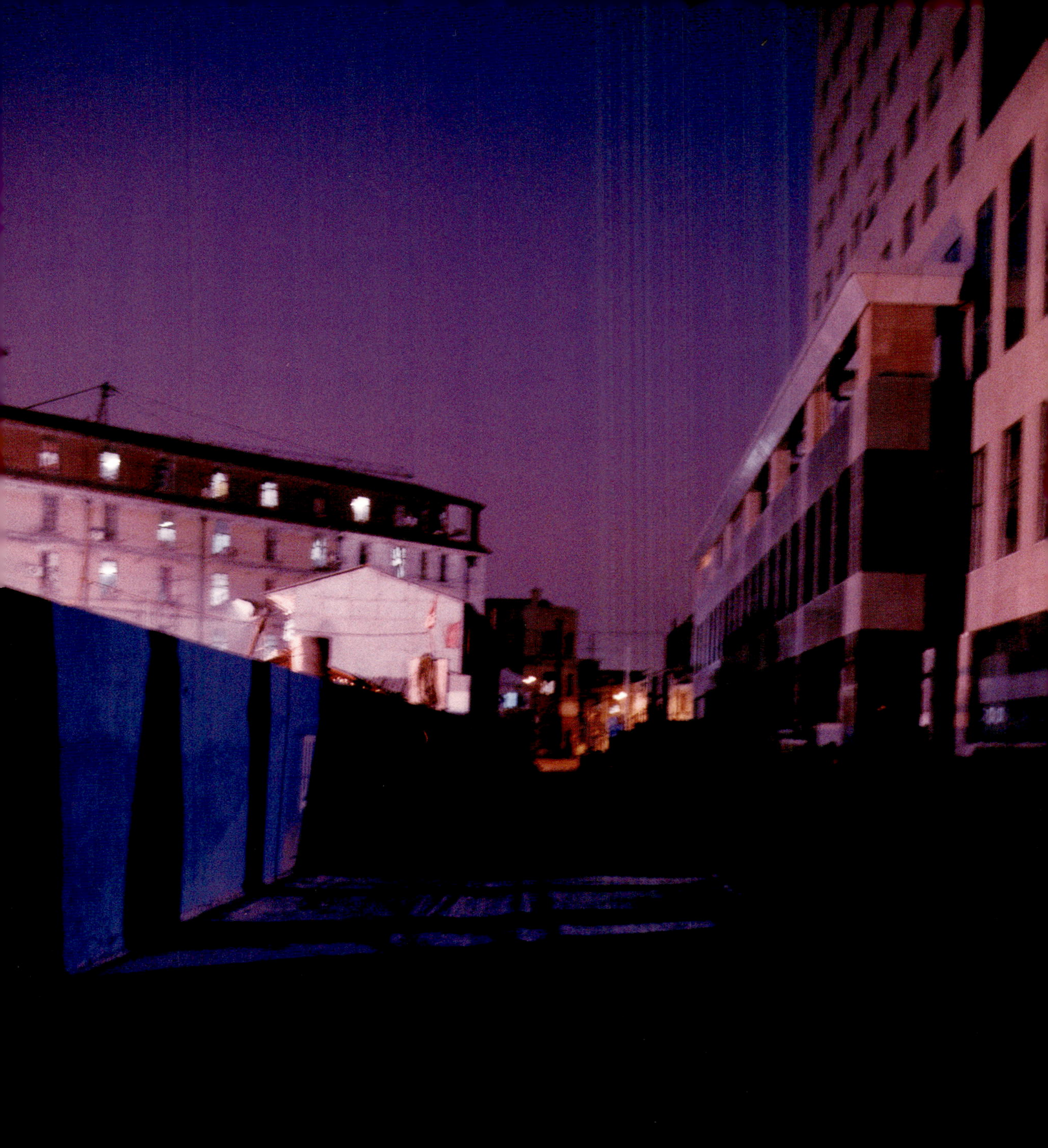

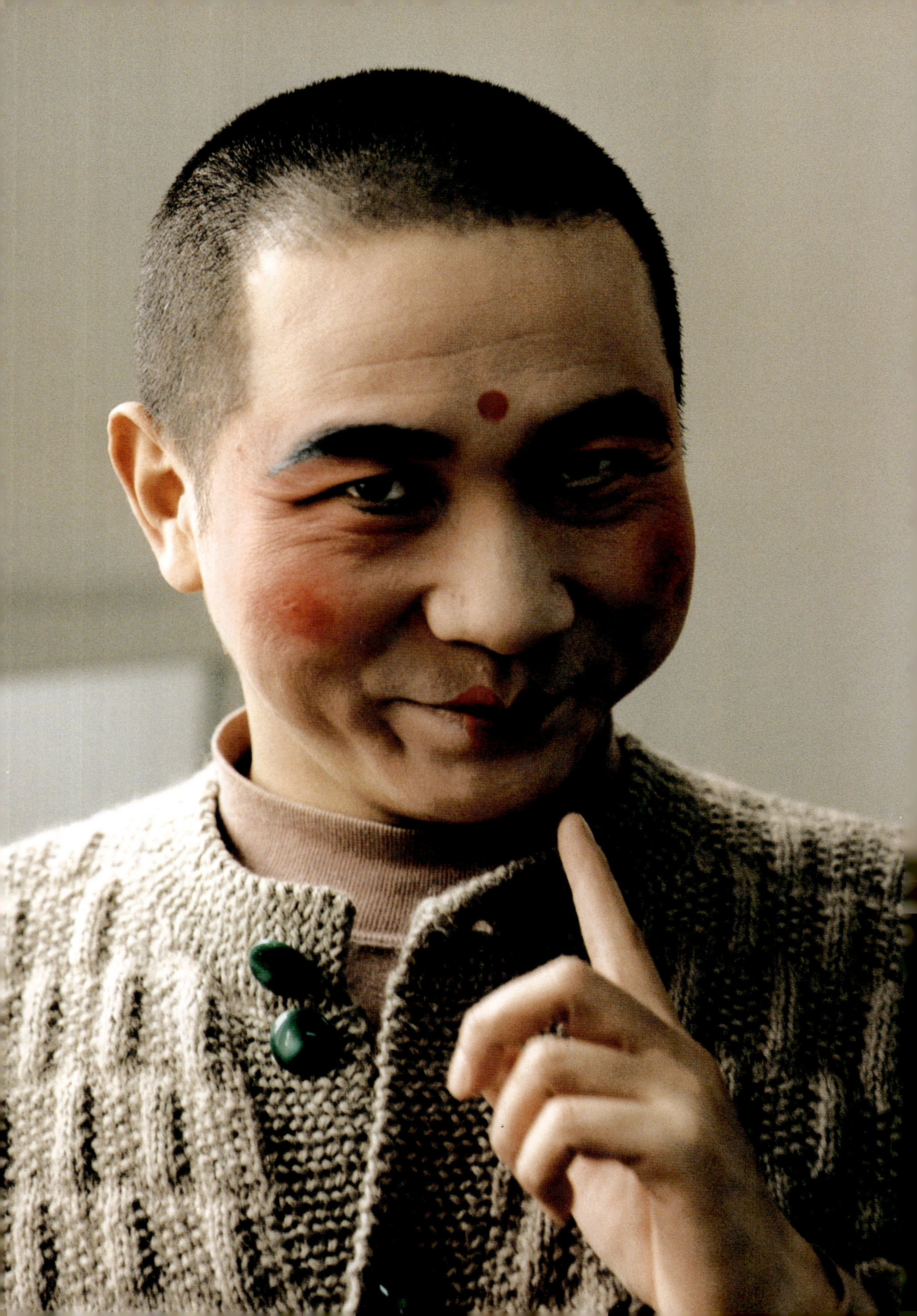

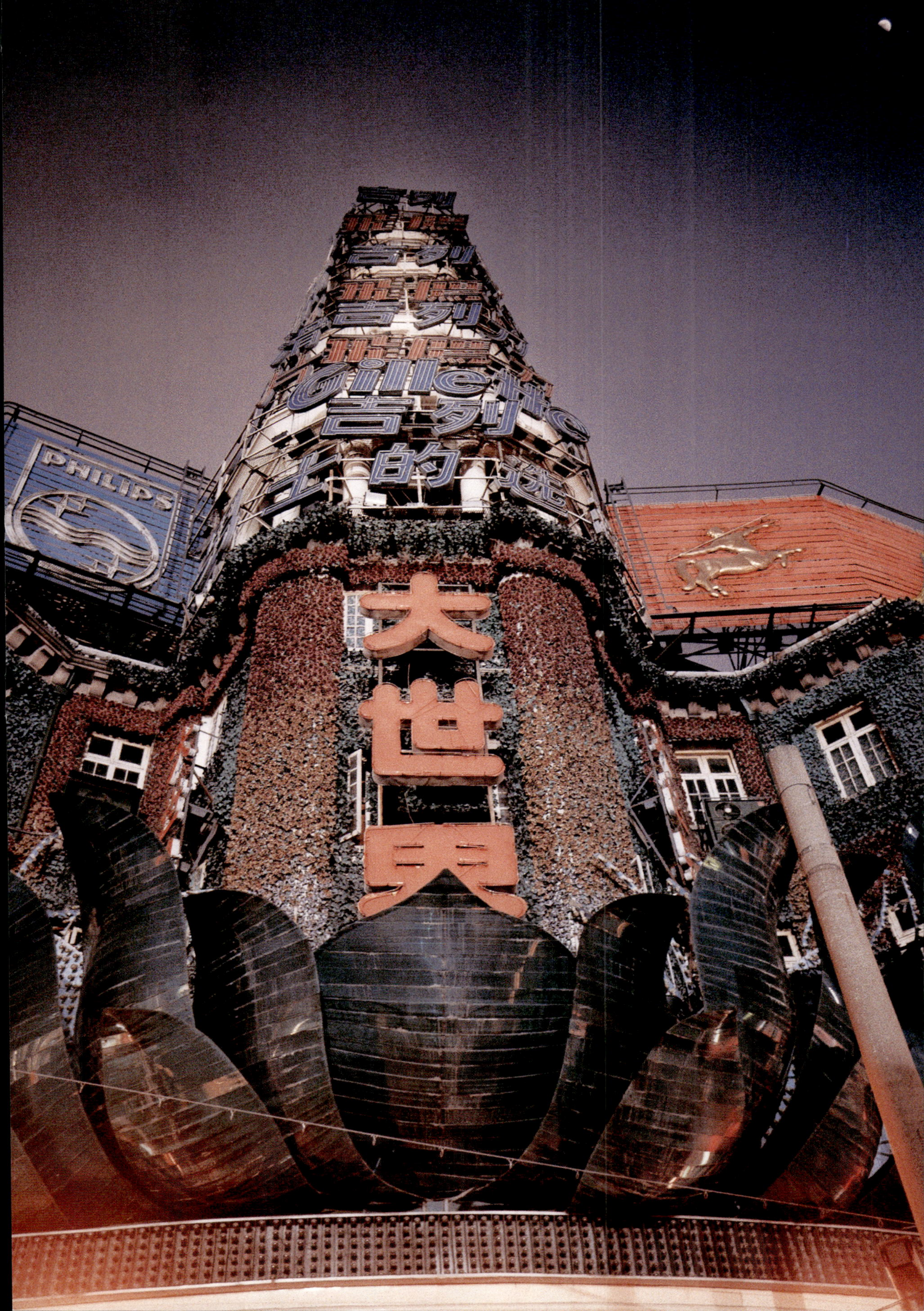
吉列
吉列
Gillette
吉列
白的选
PHILIPS
大
世
界

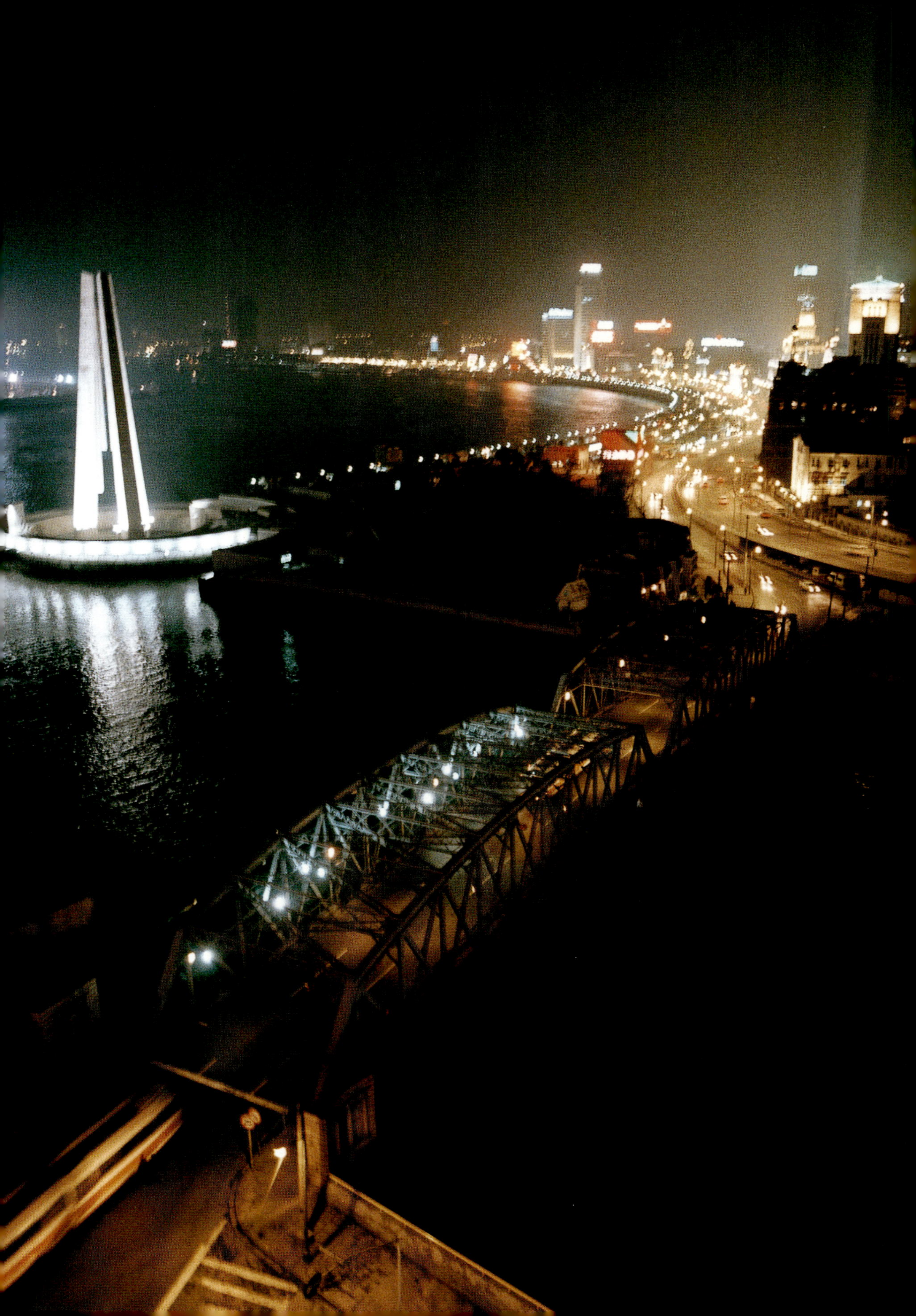

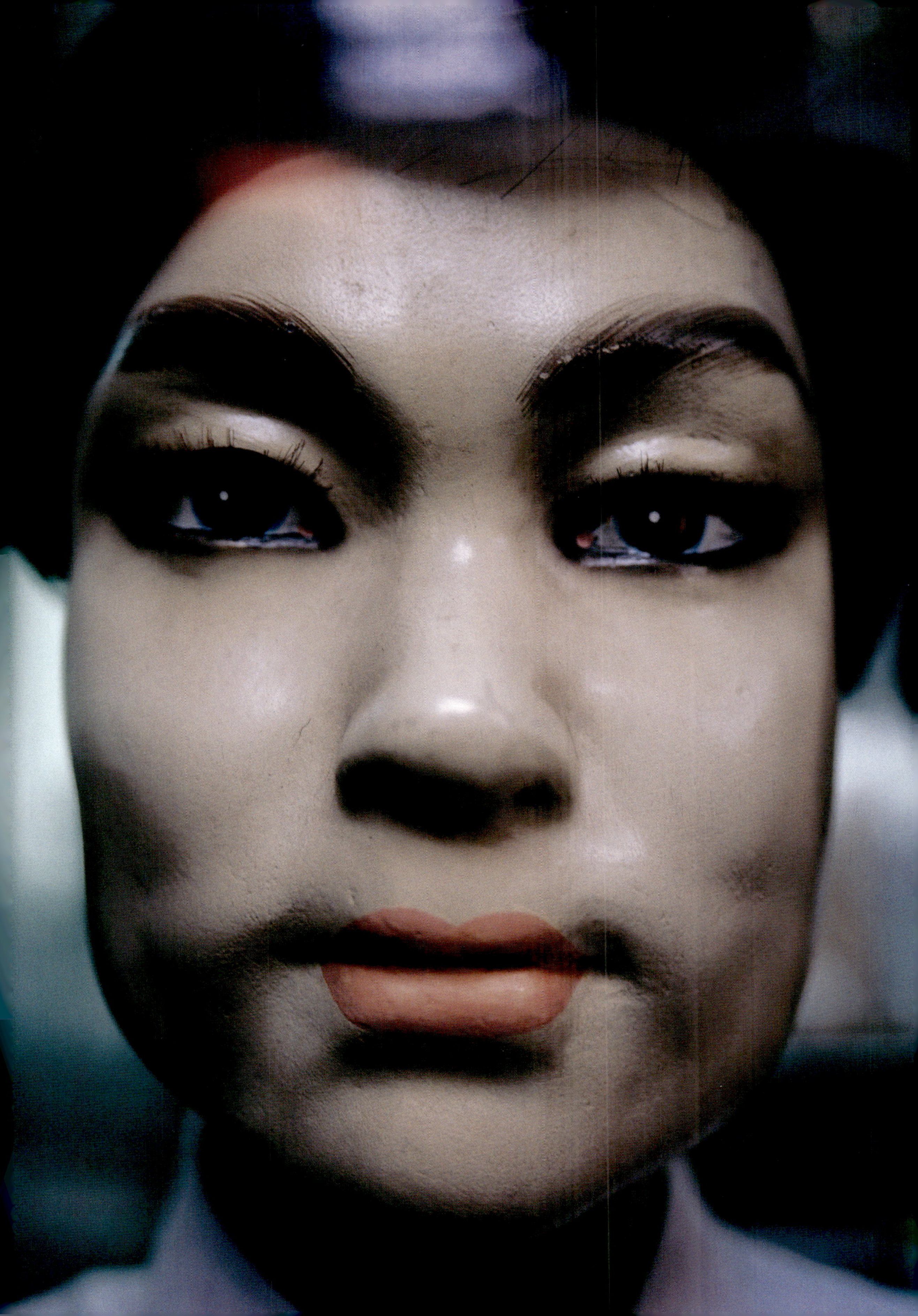

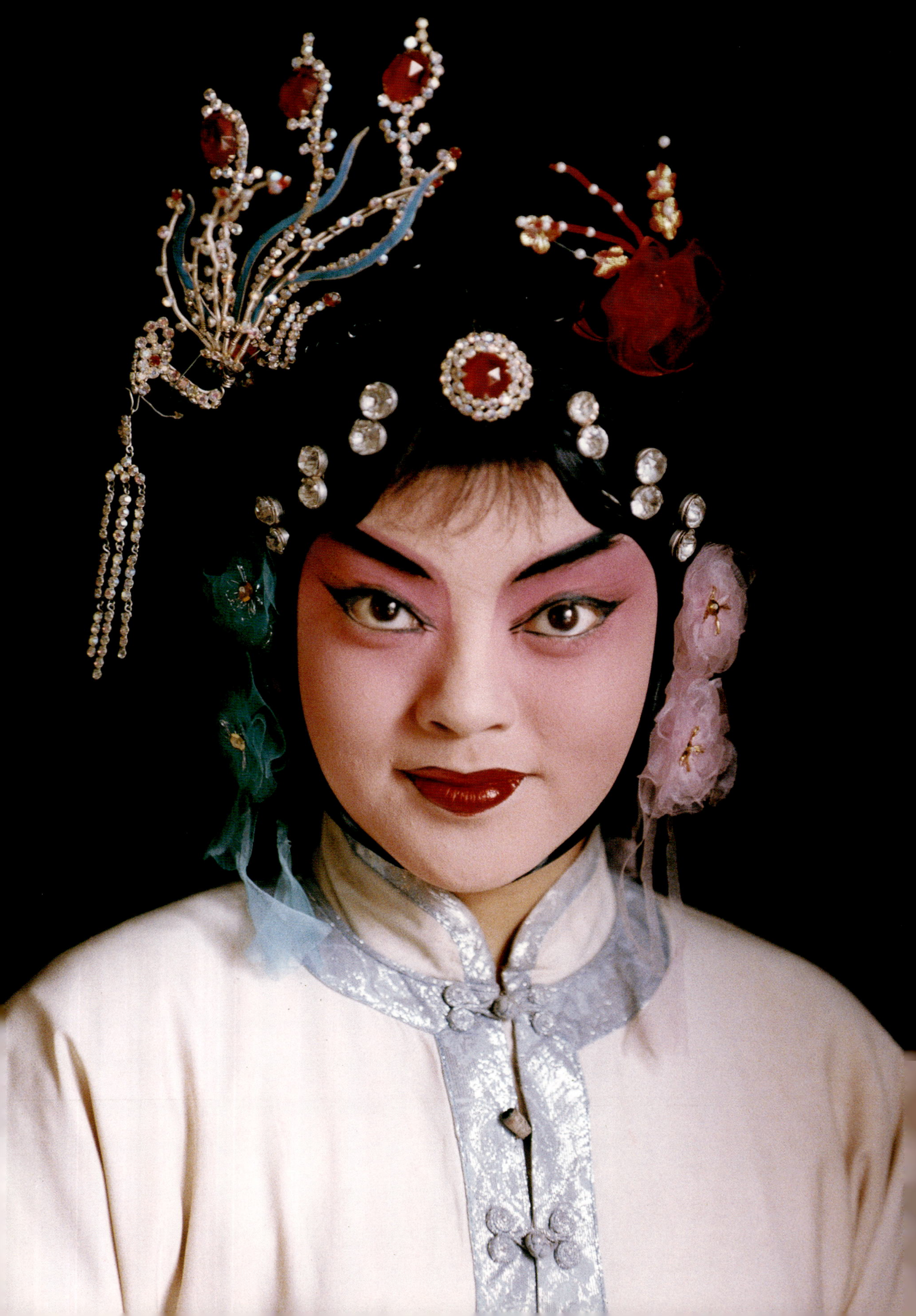

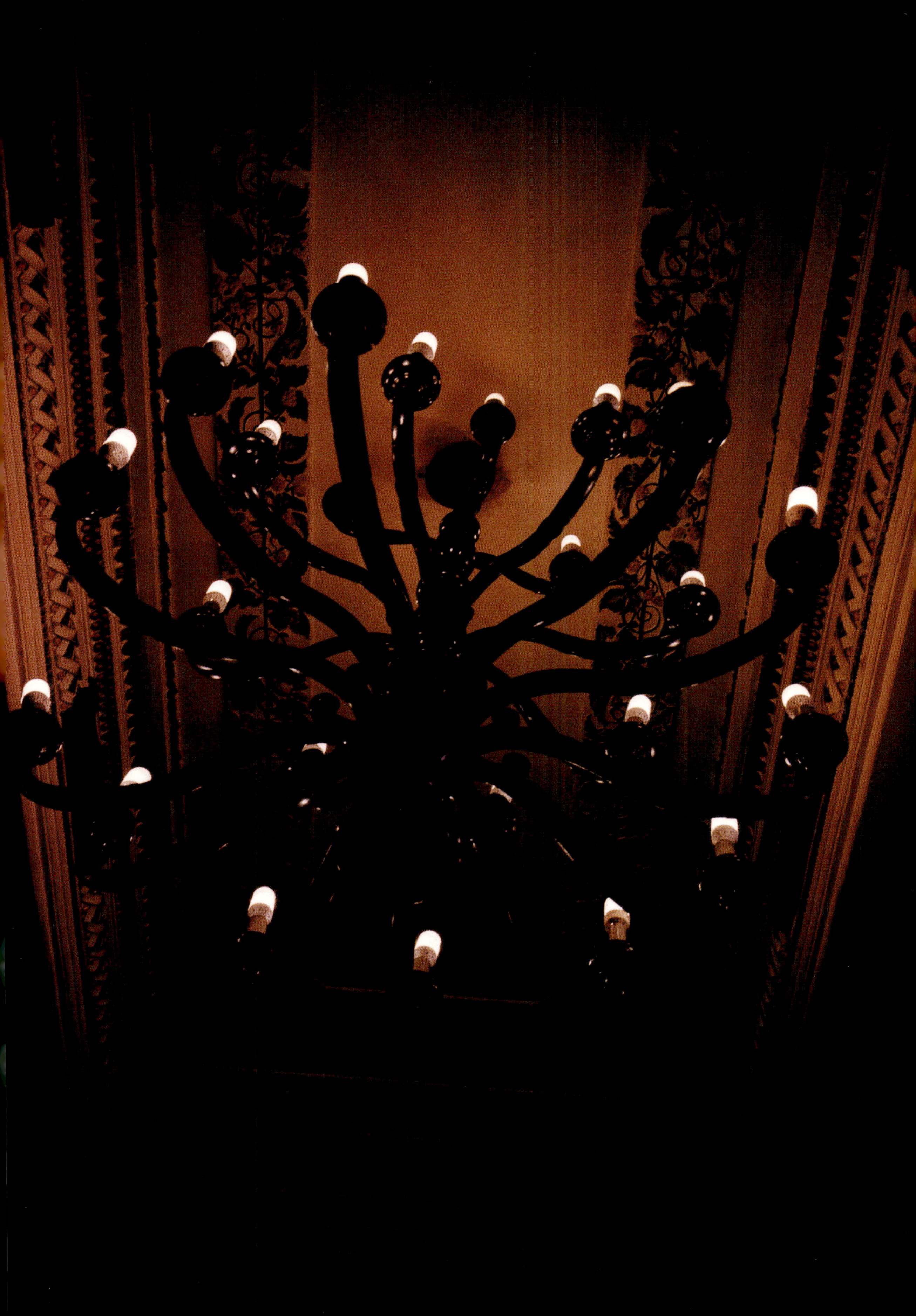

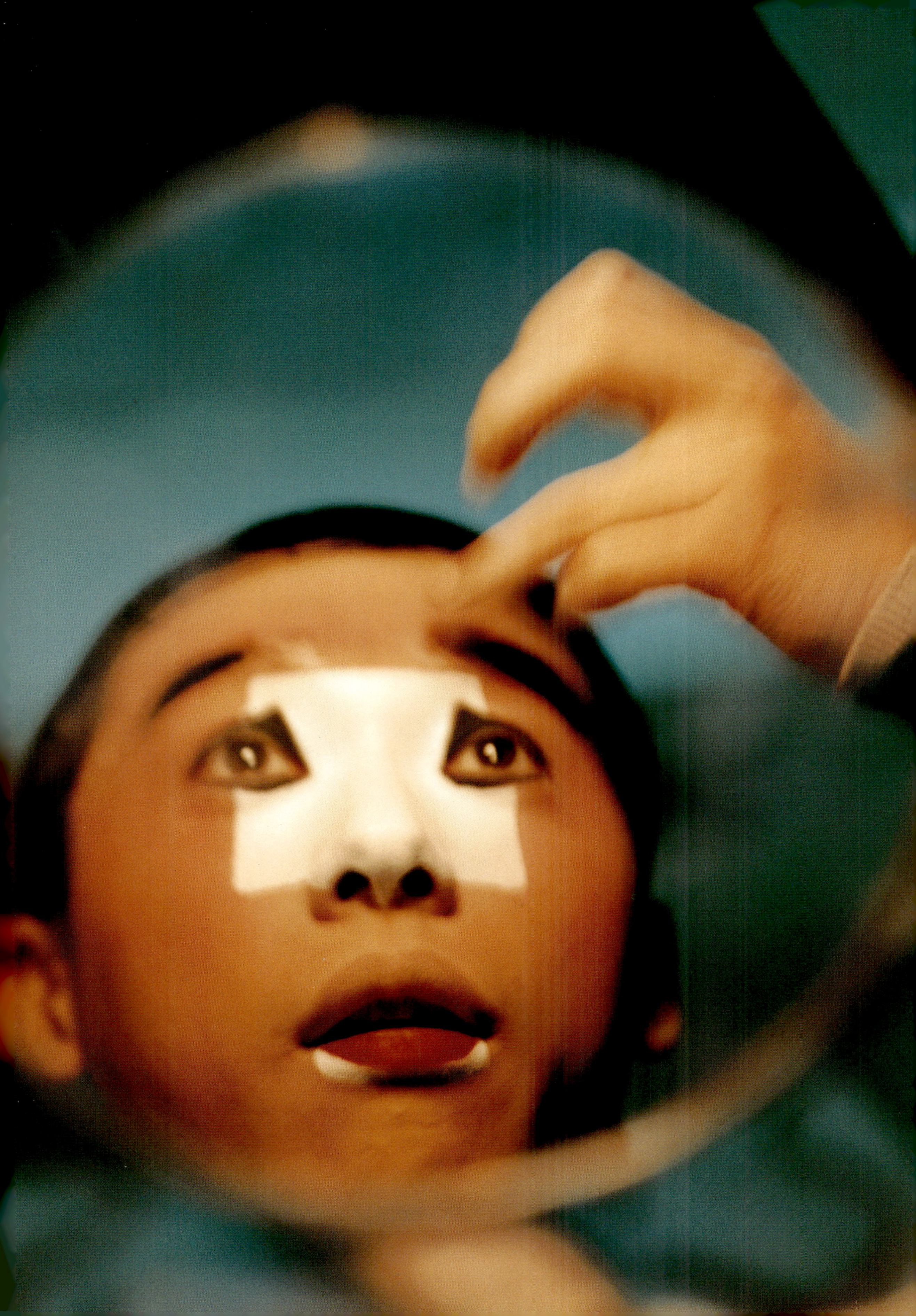

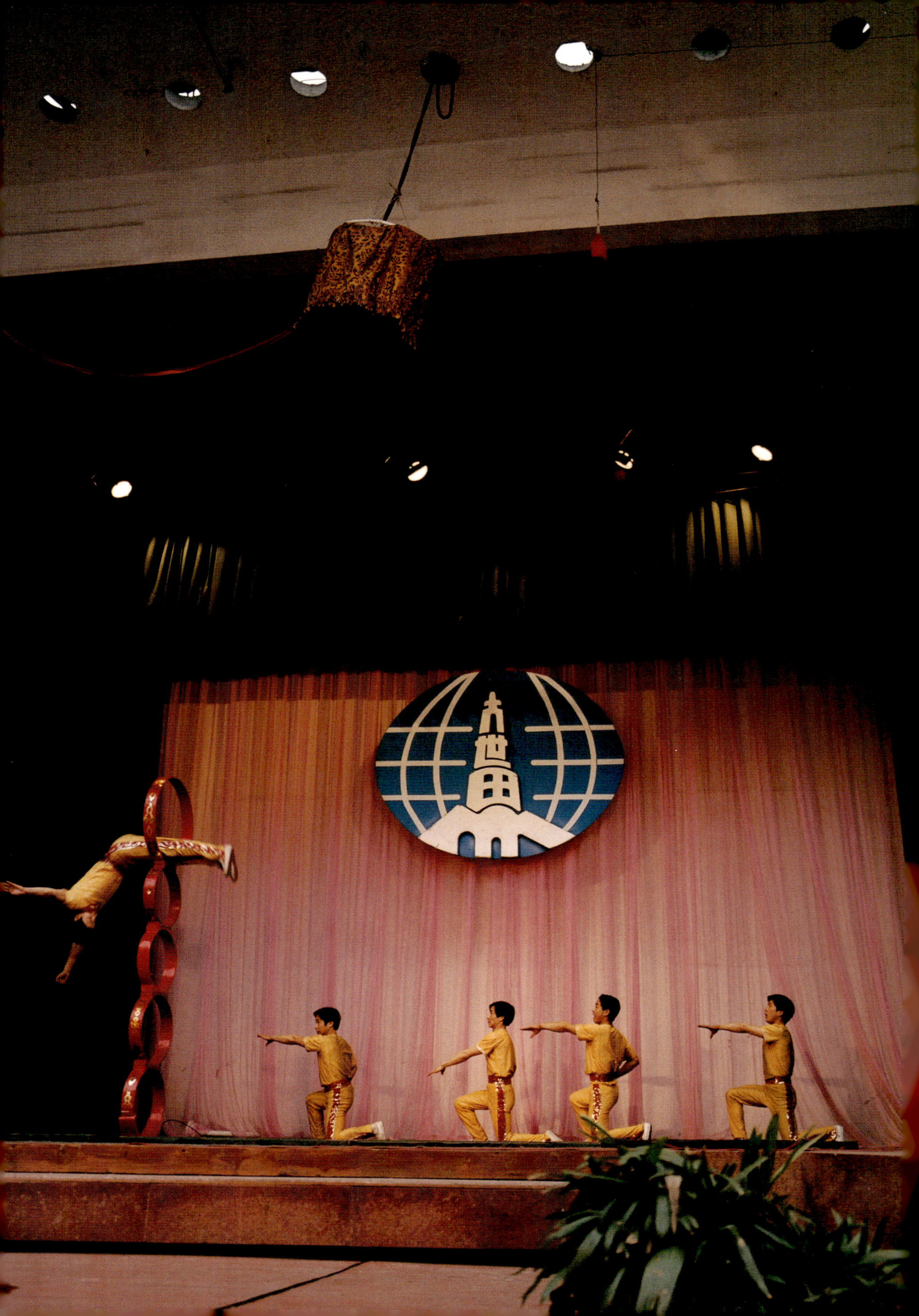

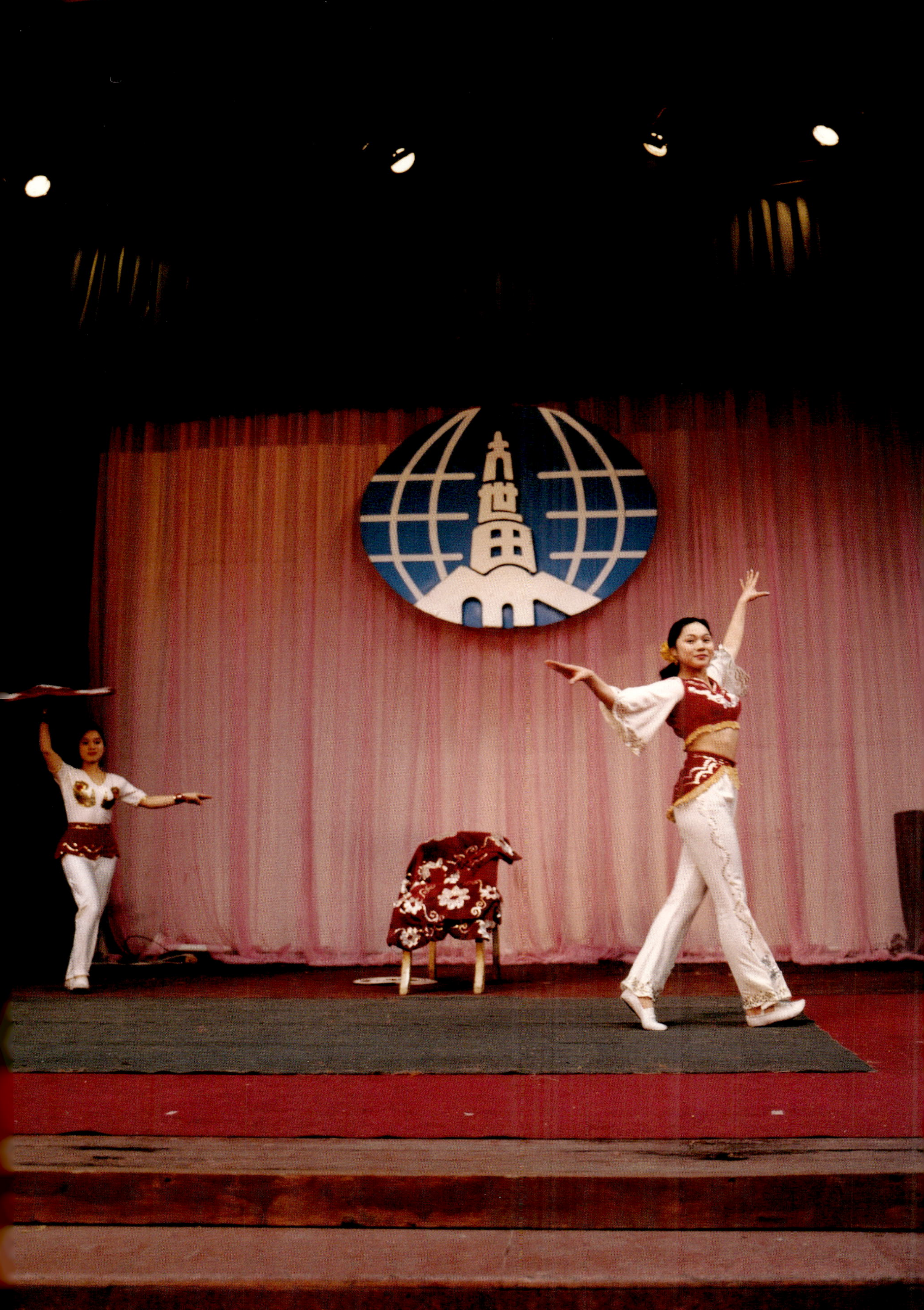

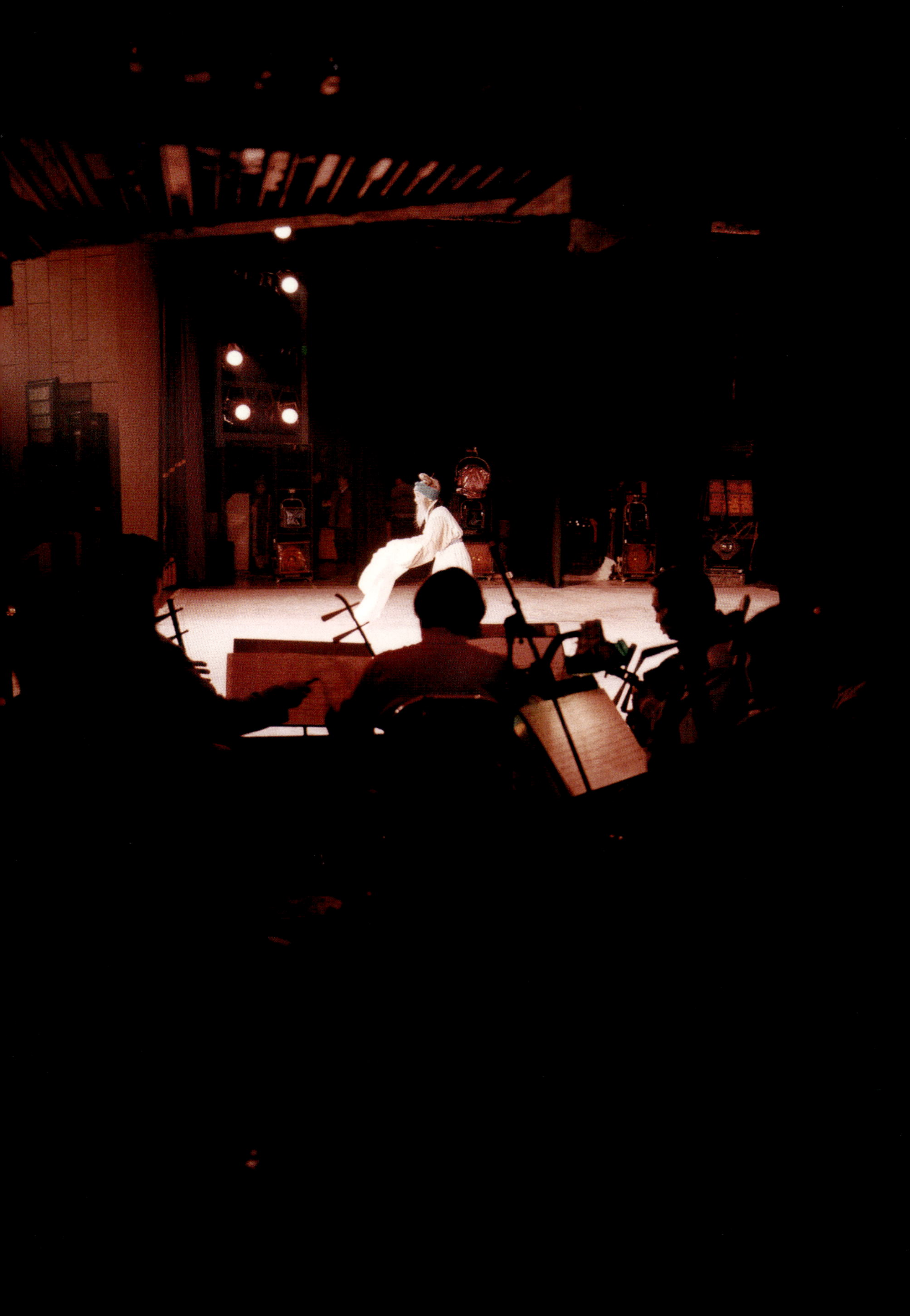

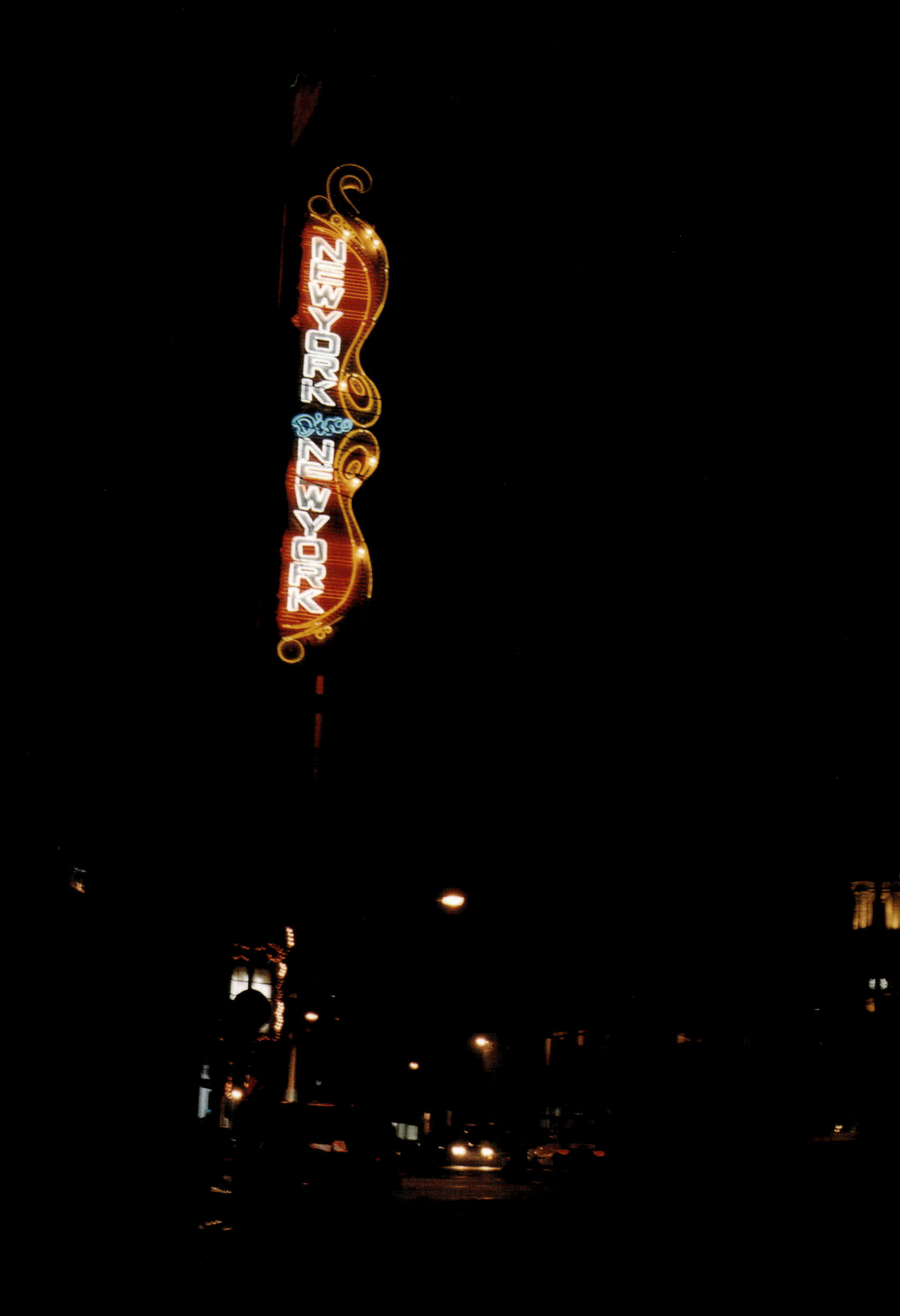
NEW YORK
Disco
NEW YORK

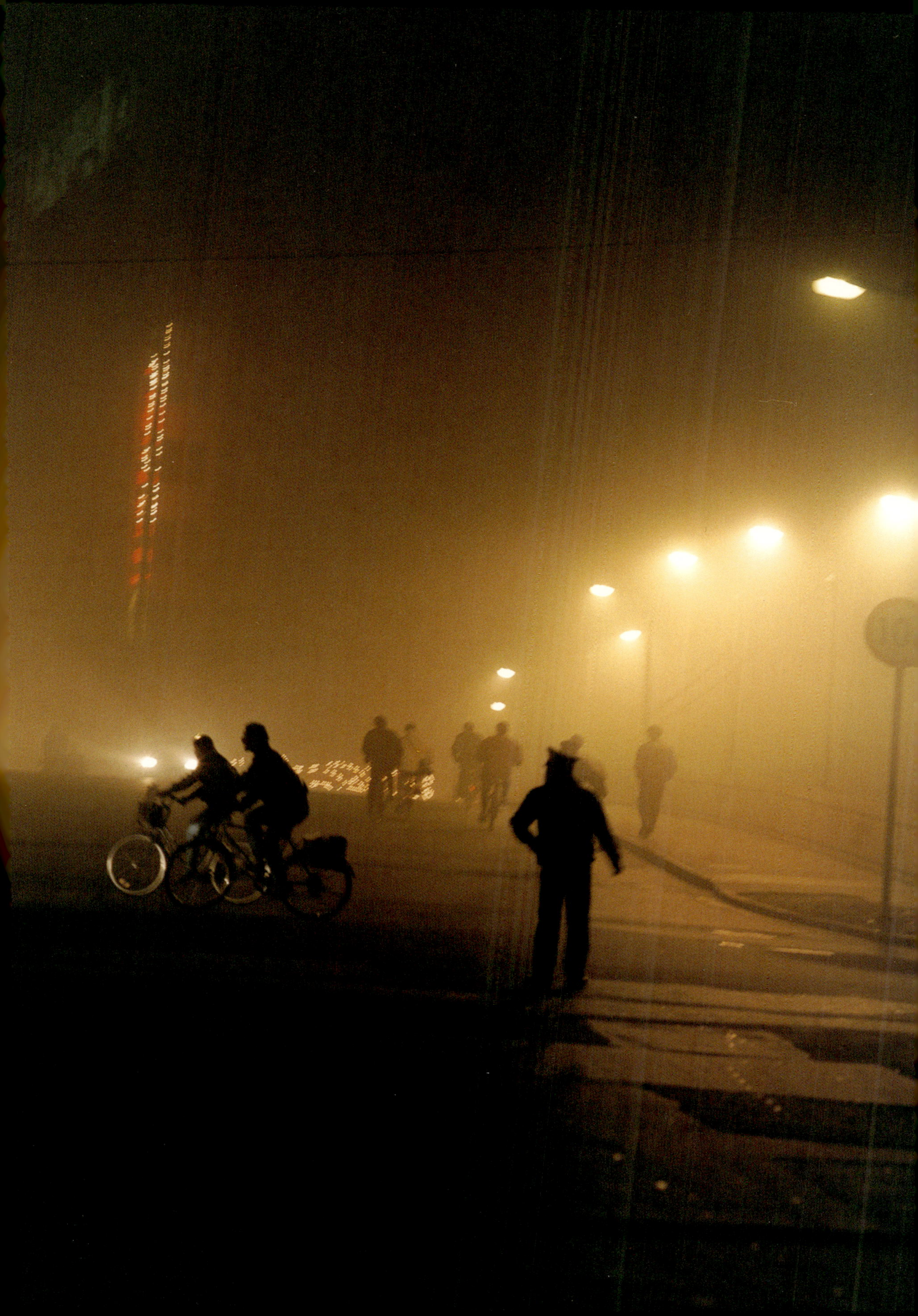

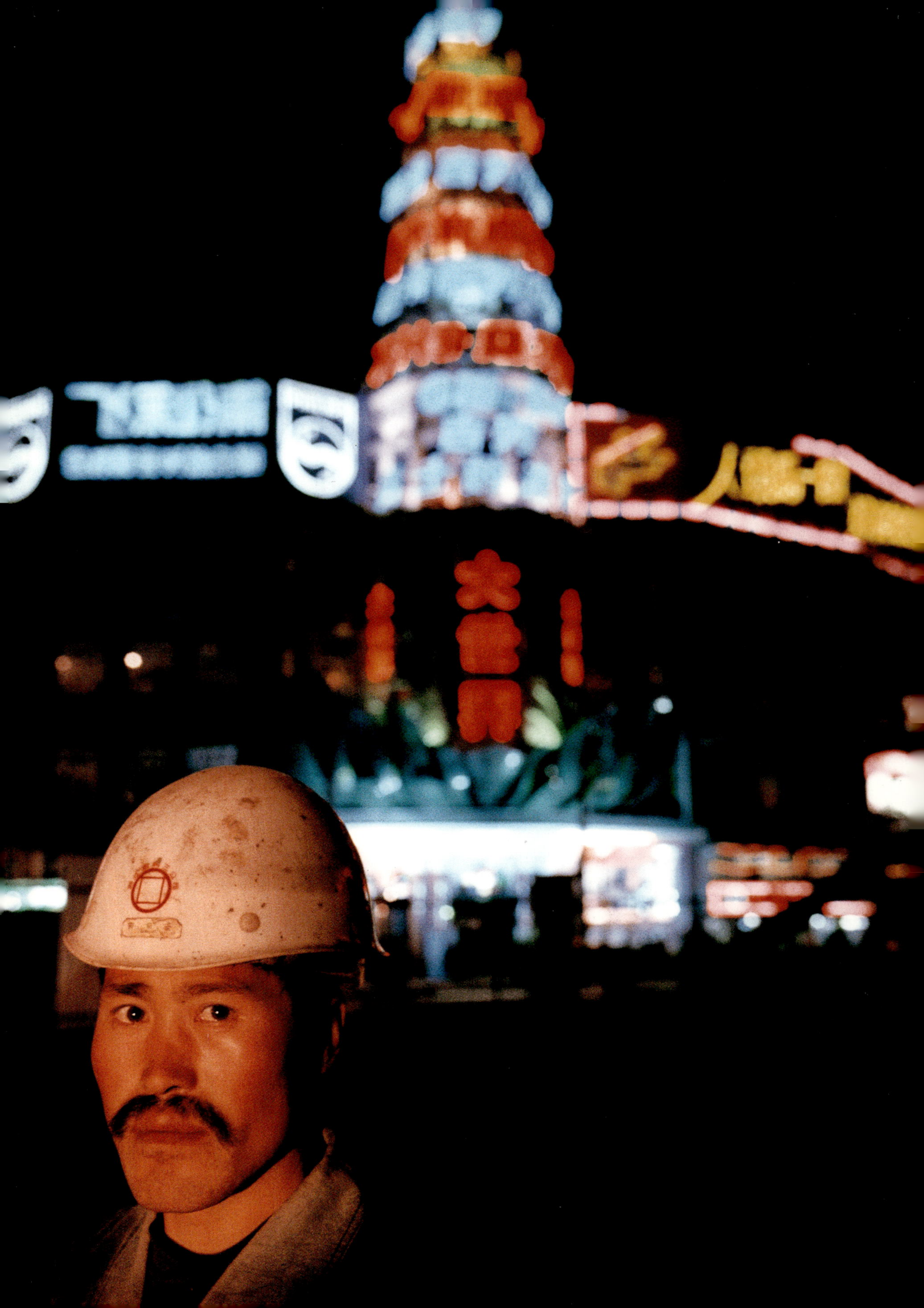

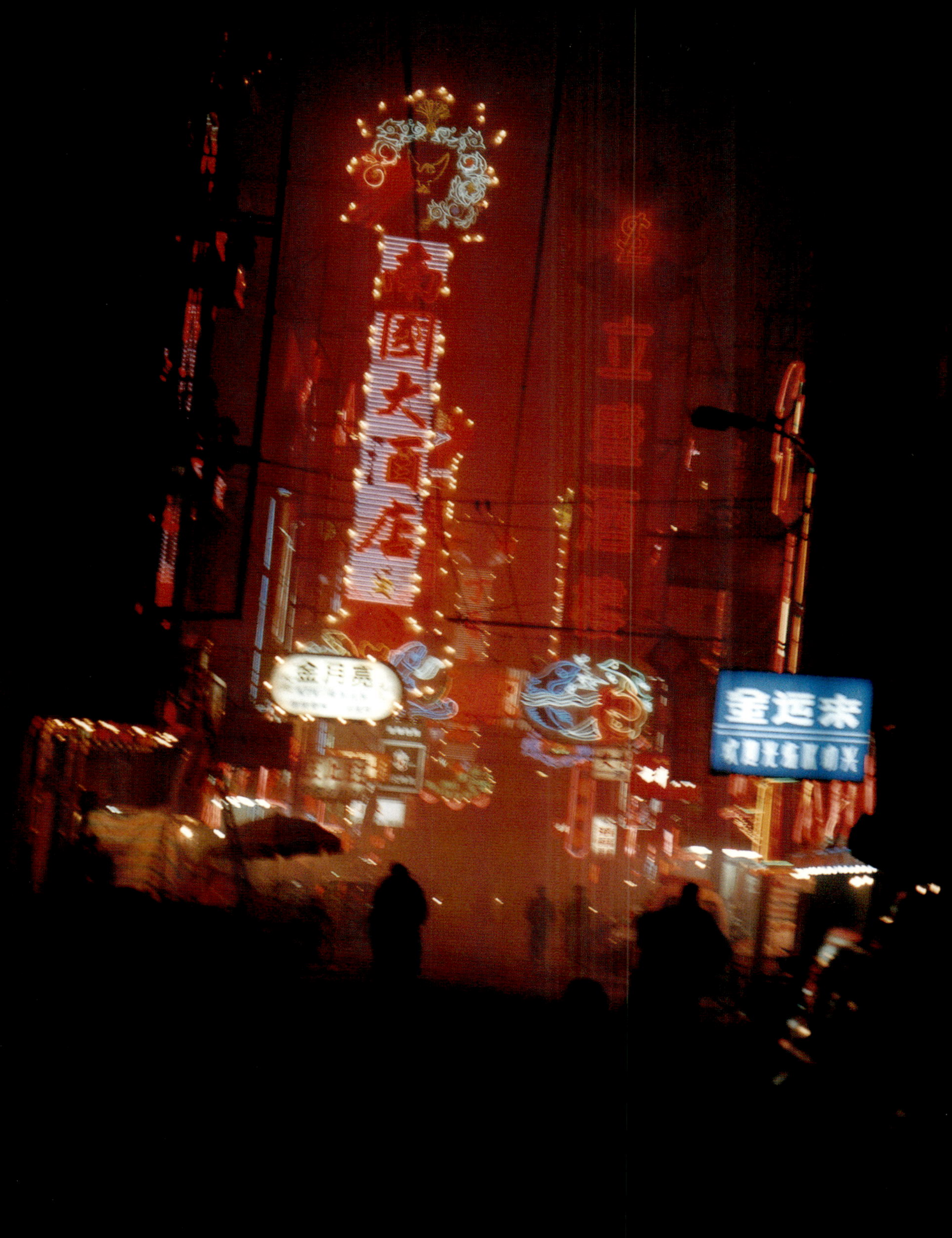

南國大酒店
金月亮
金运来
立

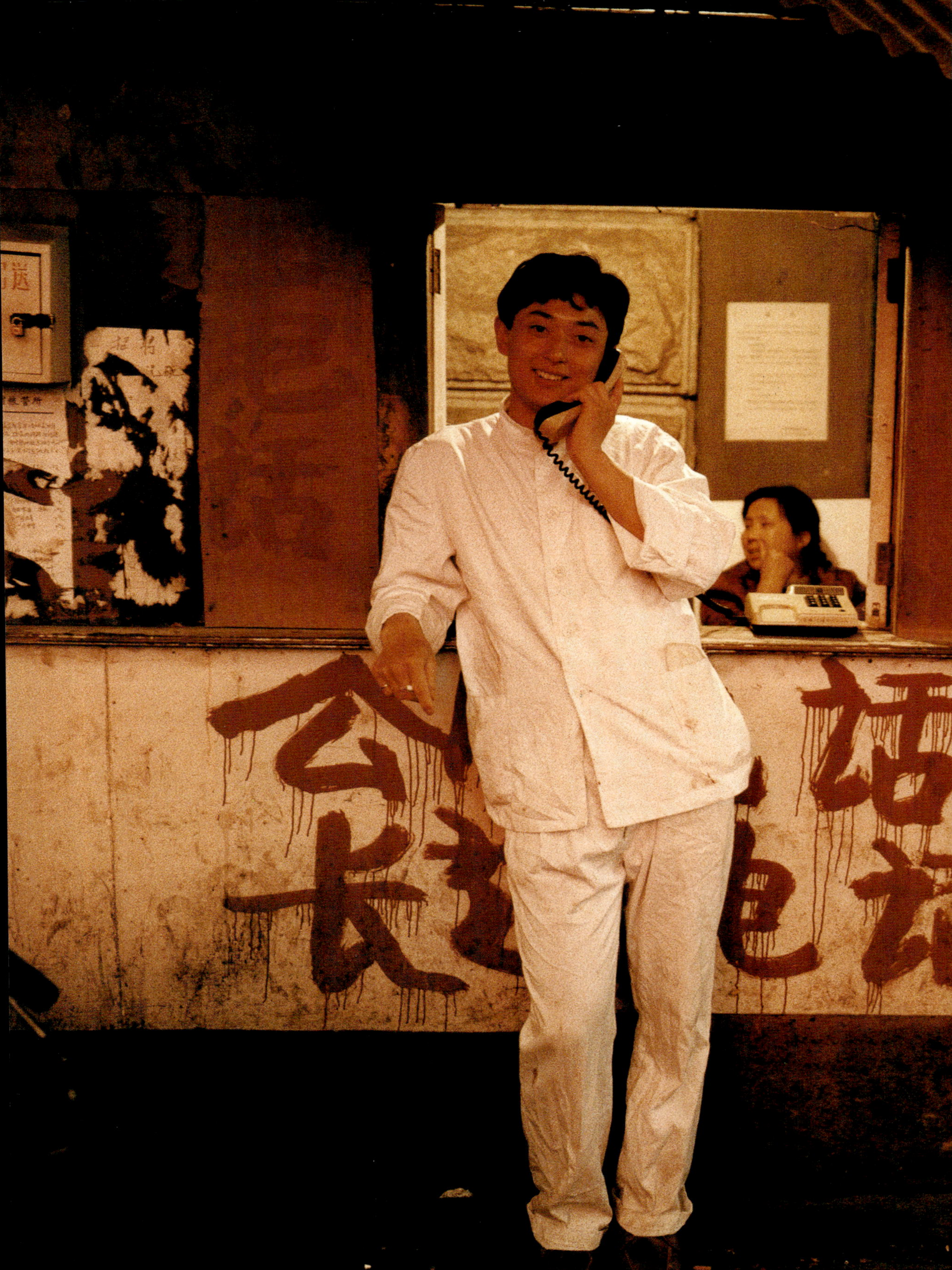

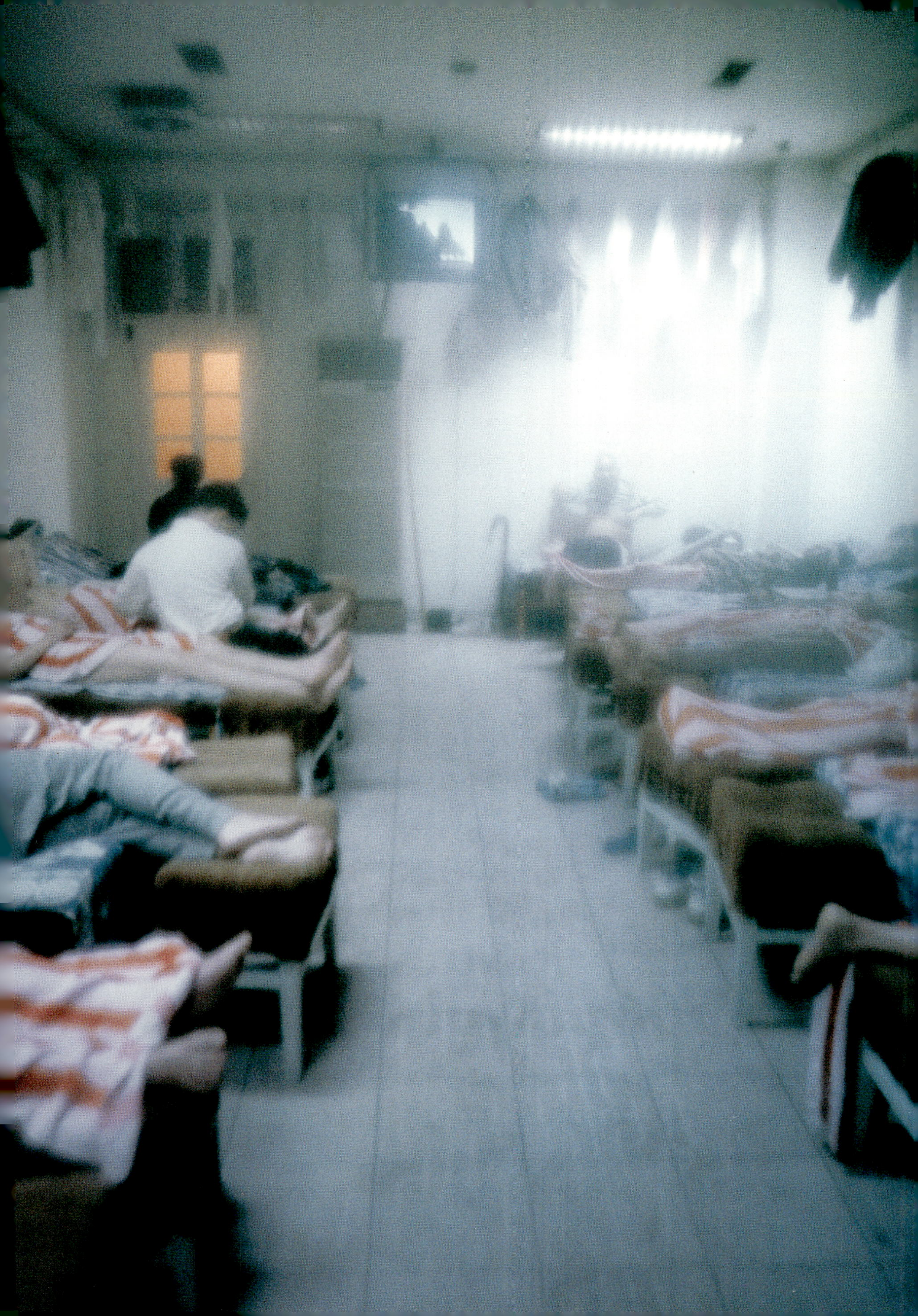

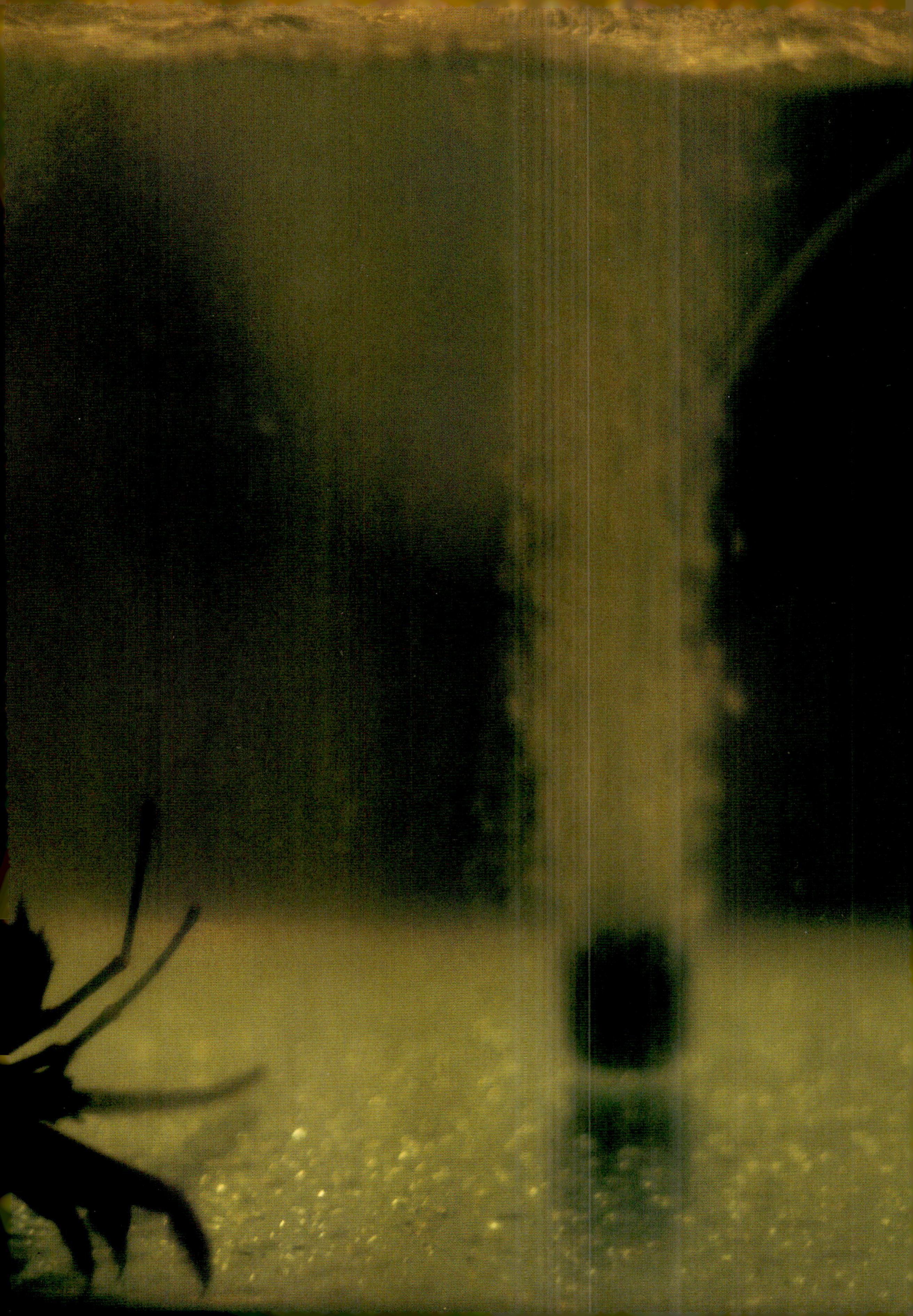

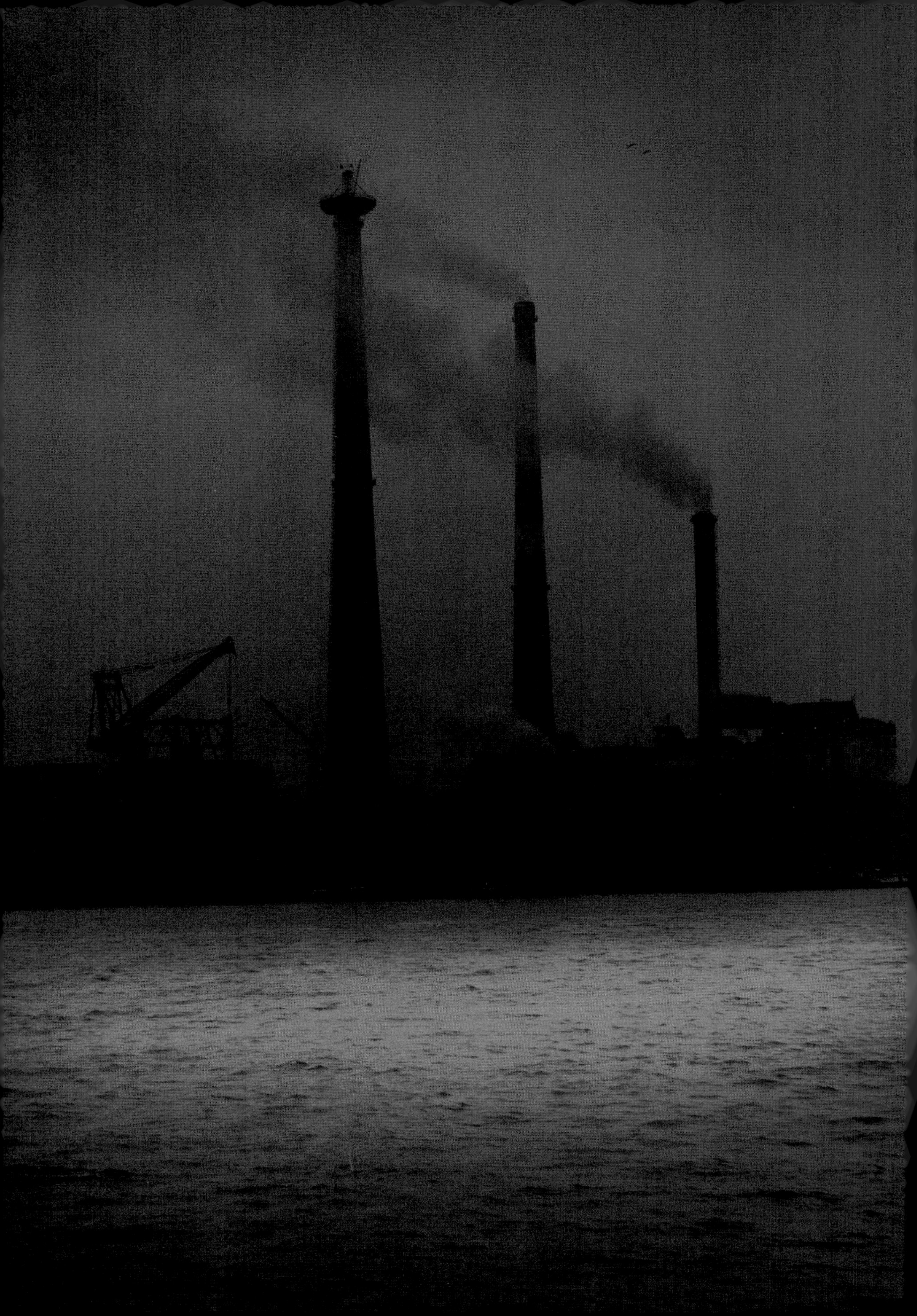

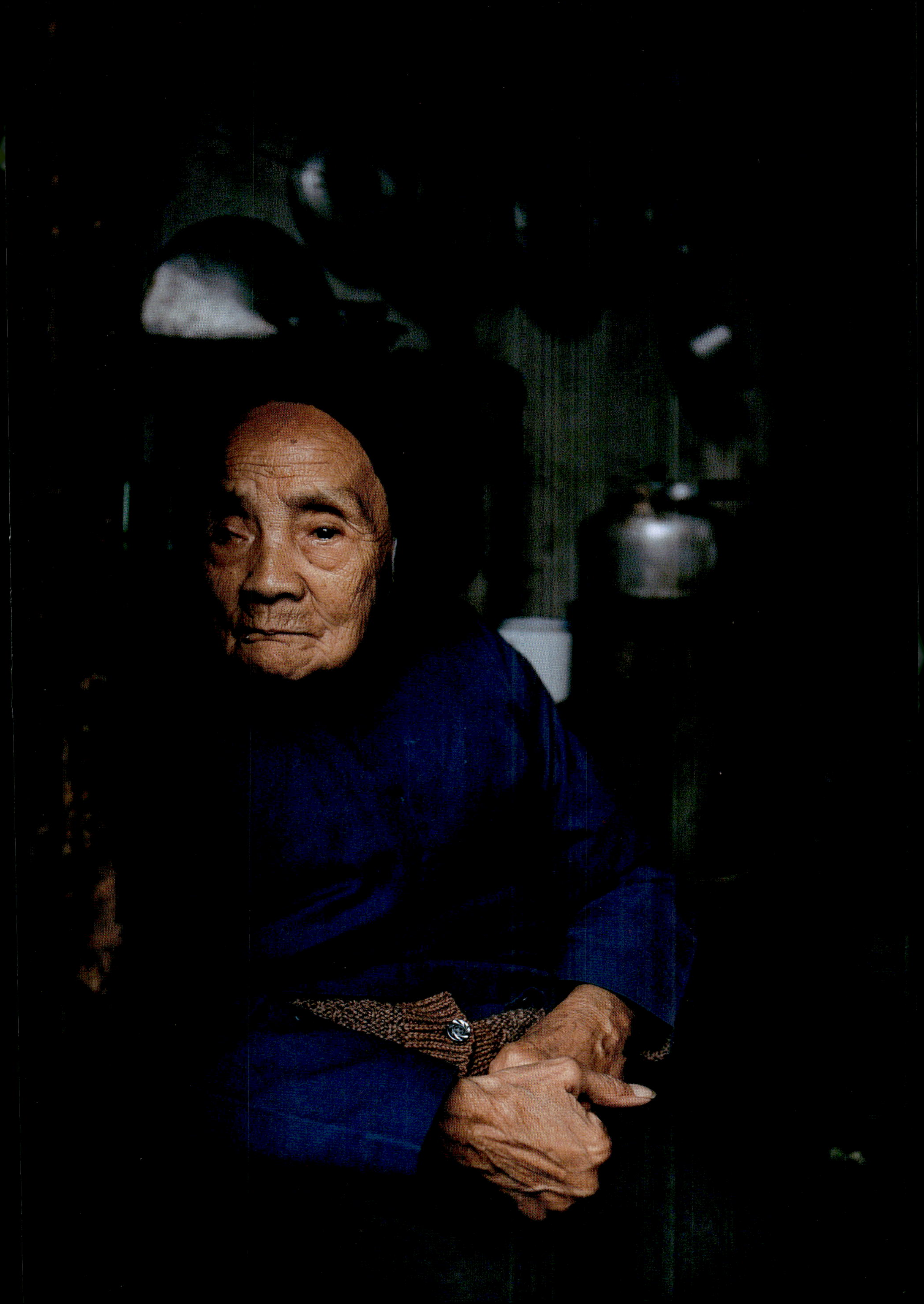

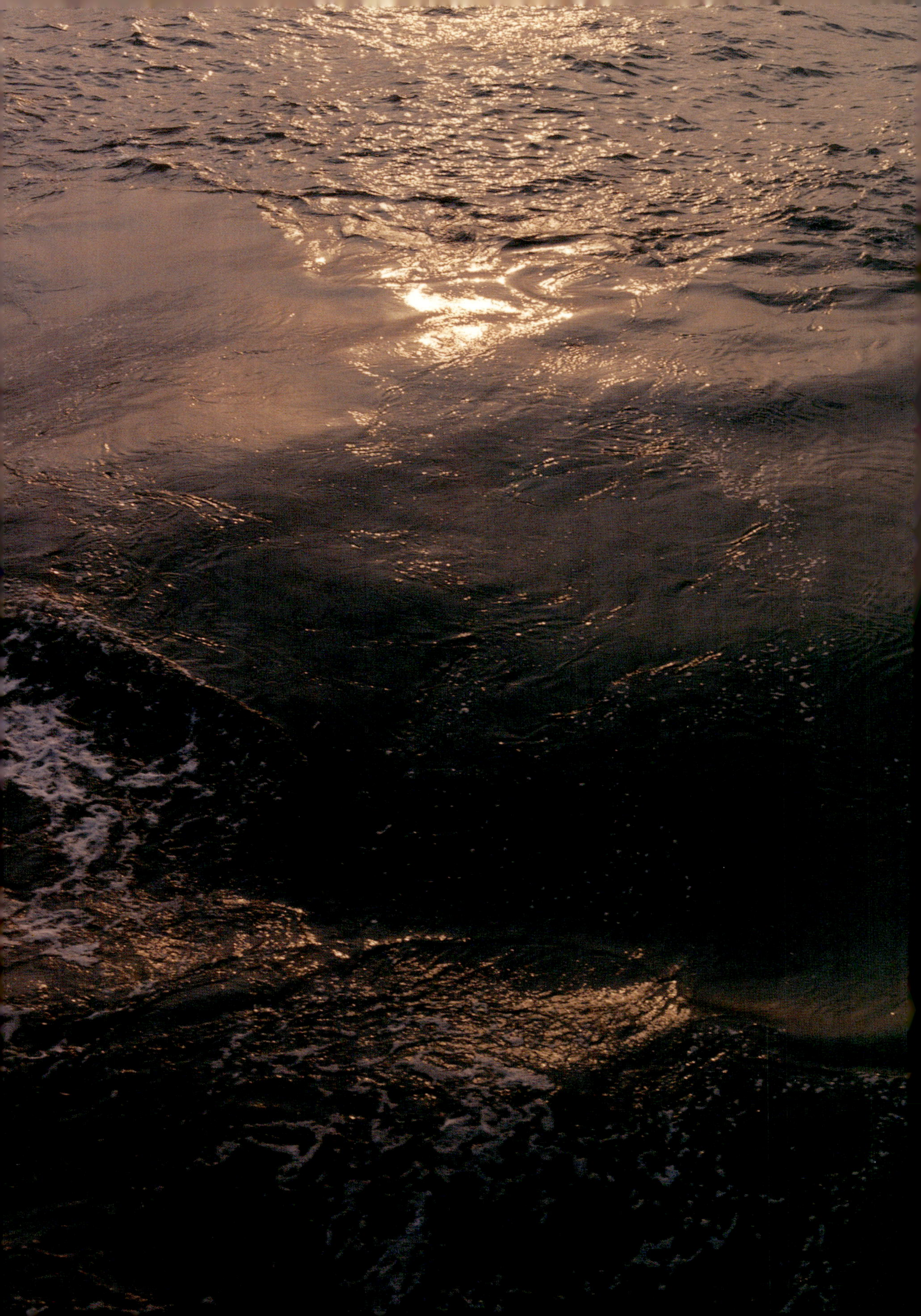

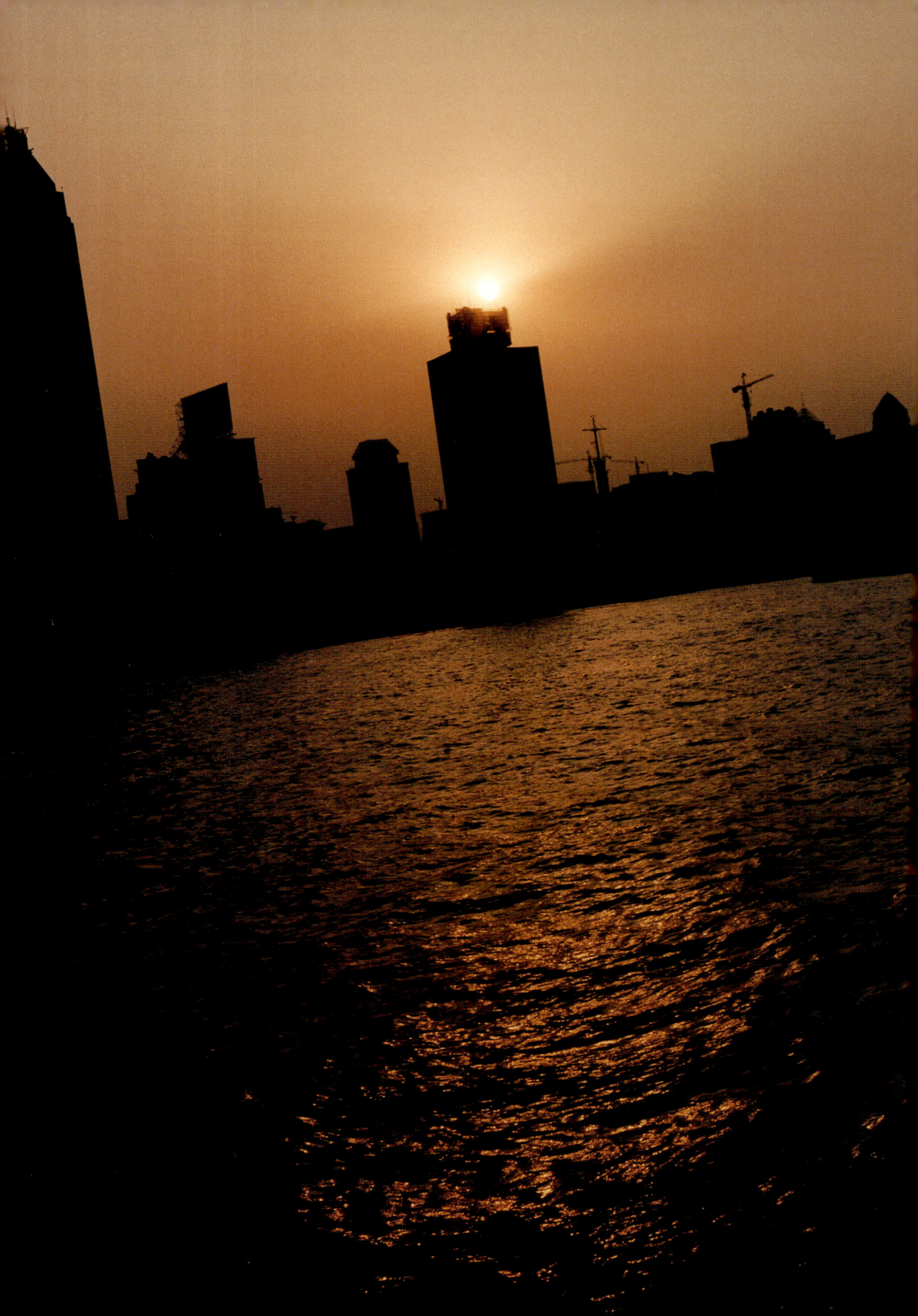

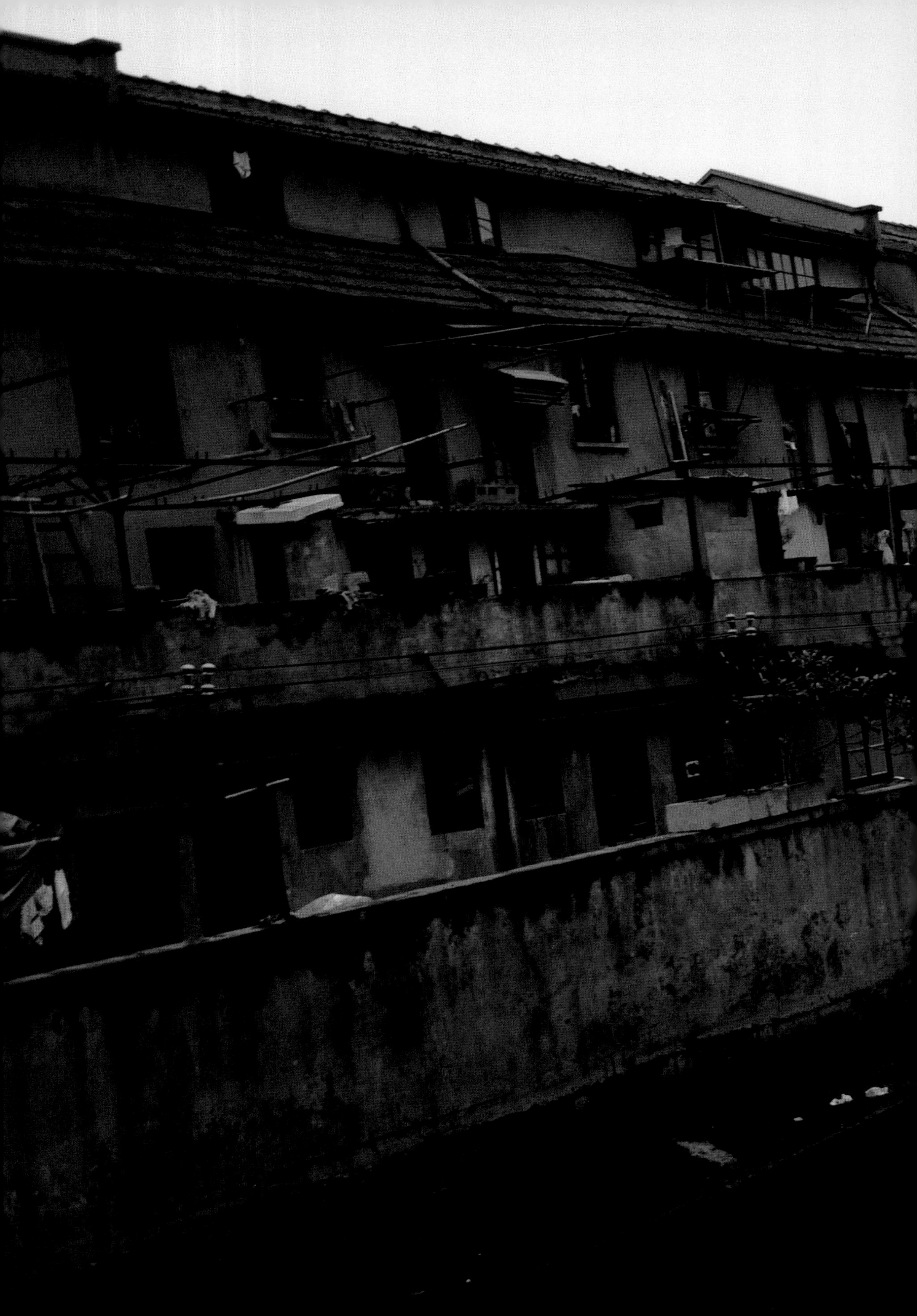

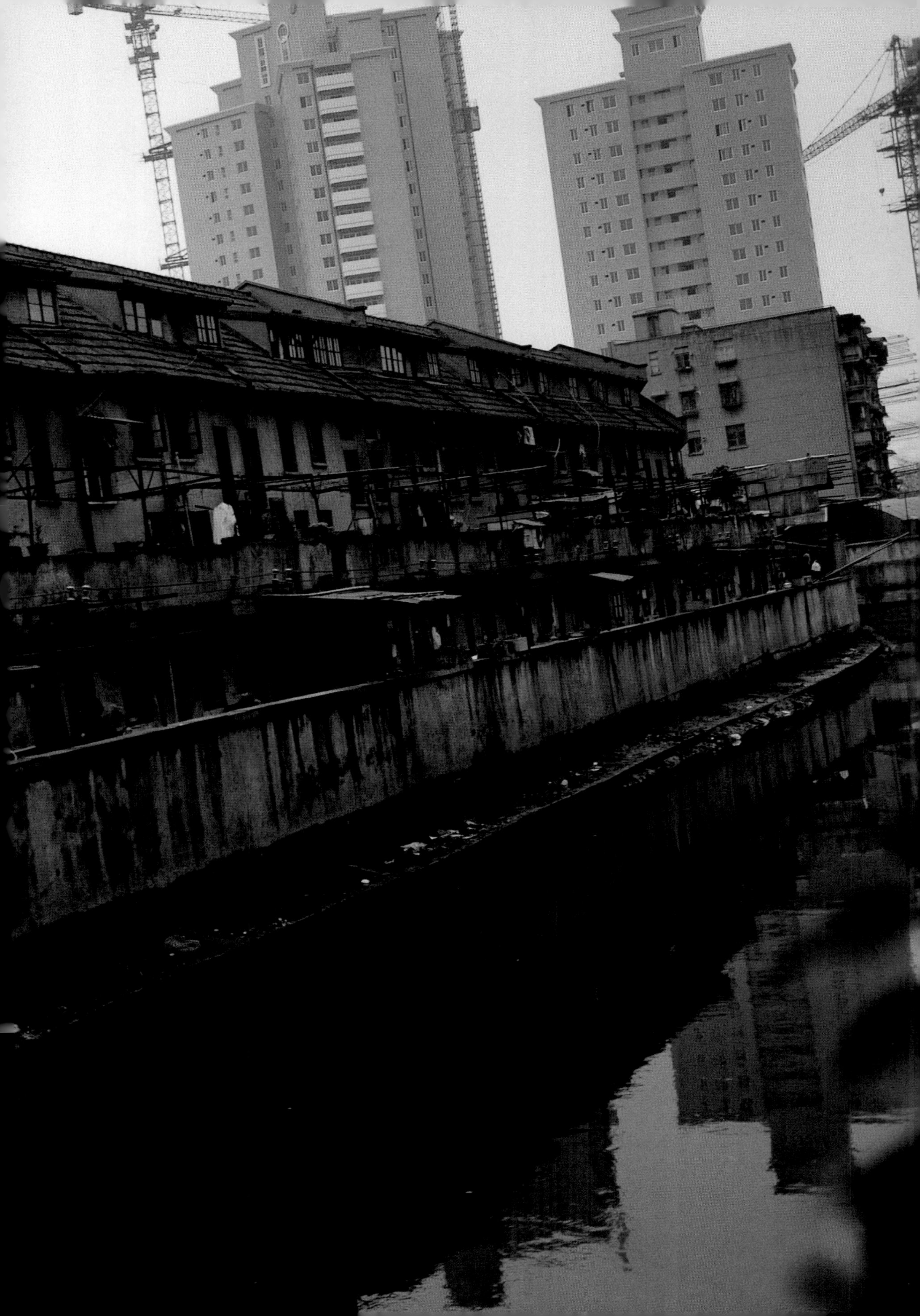

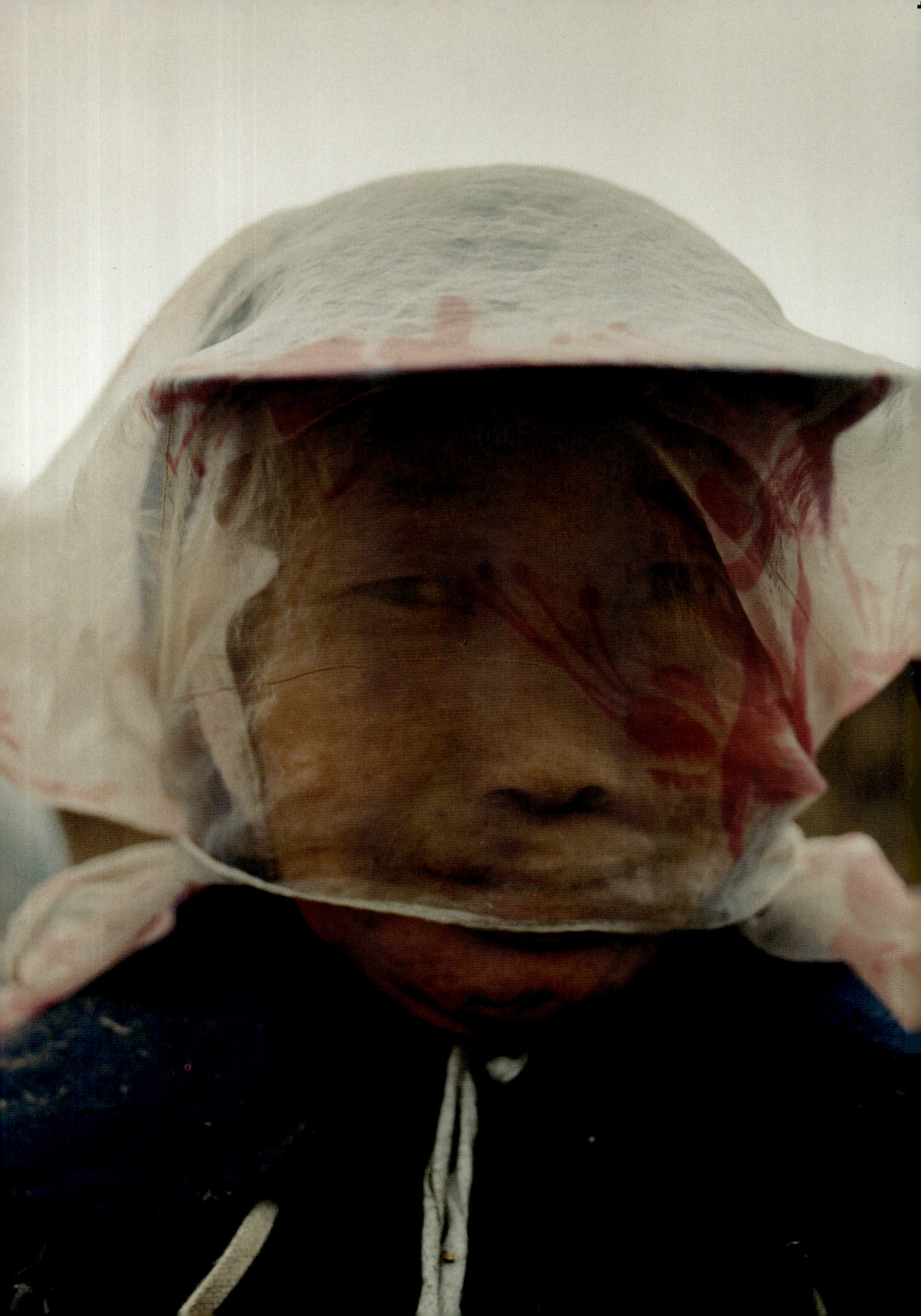

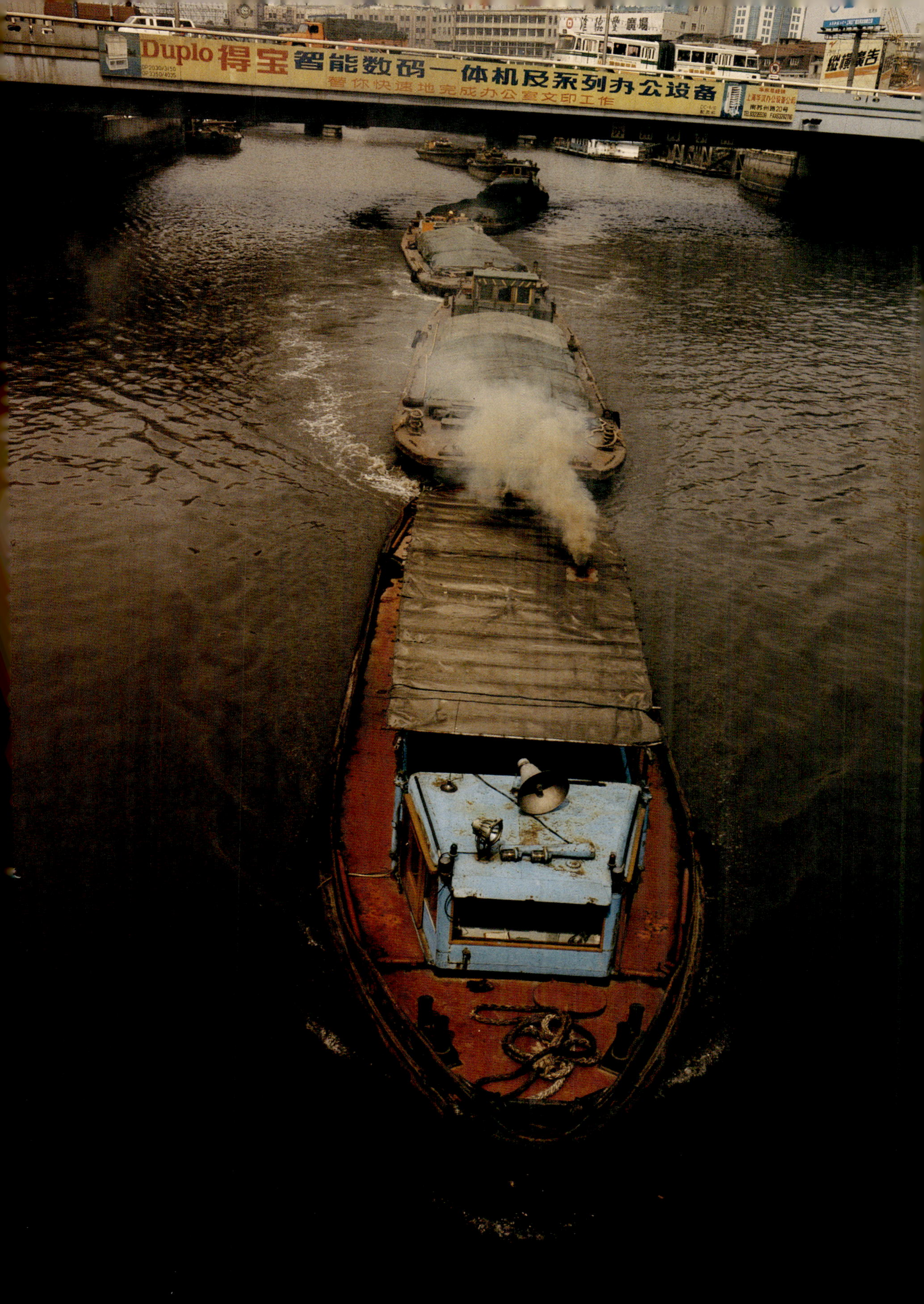

Duplo 得宝 智能数码一体机及系列办公设备
替你快速地完成办公室文印工作
DP 2030/3150
DP 3350/4035
纵横广告

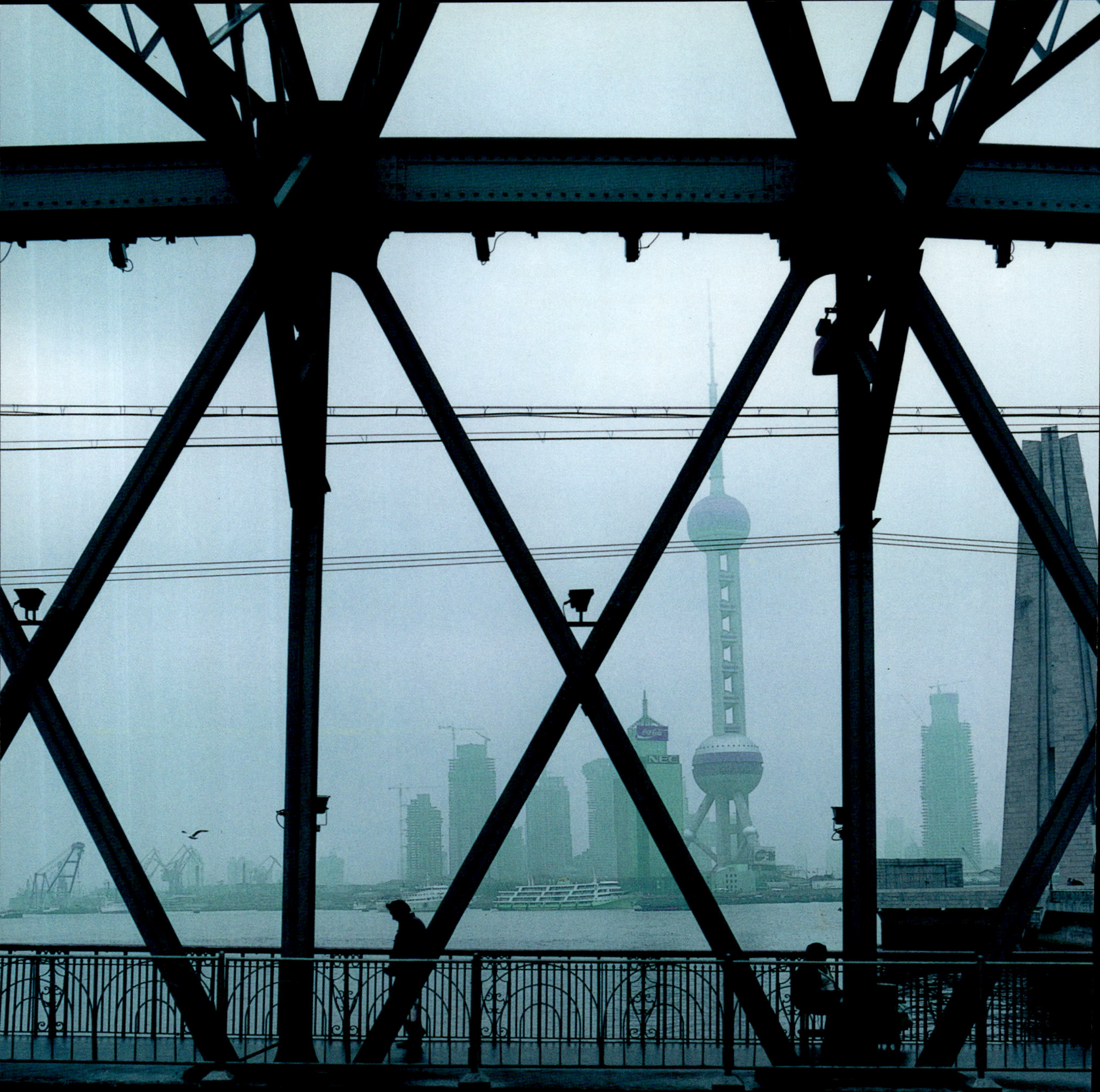

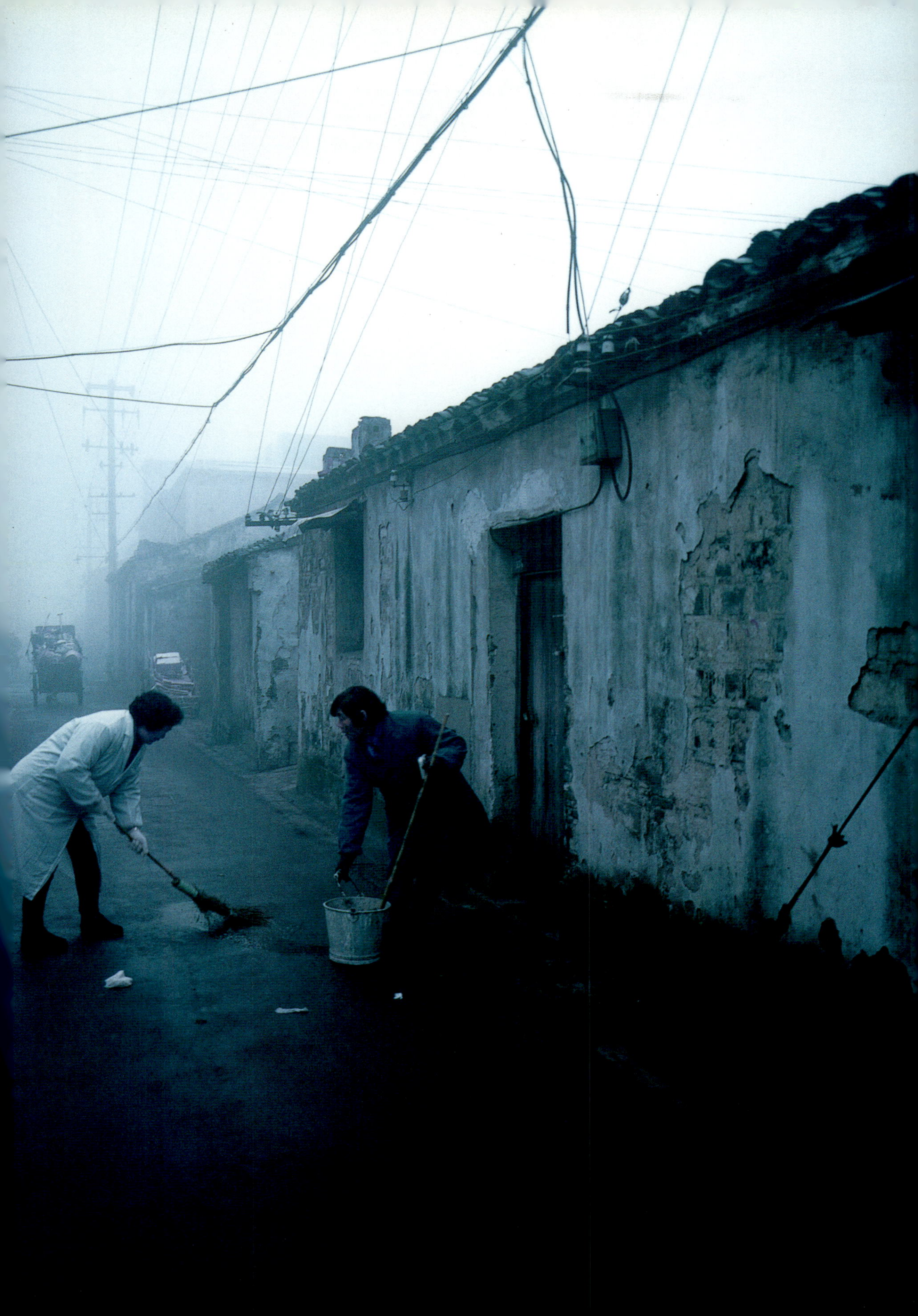

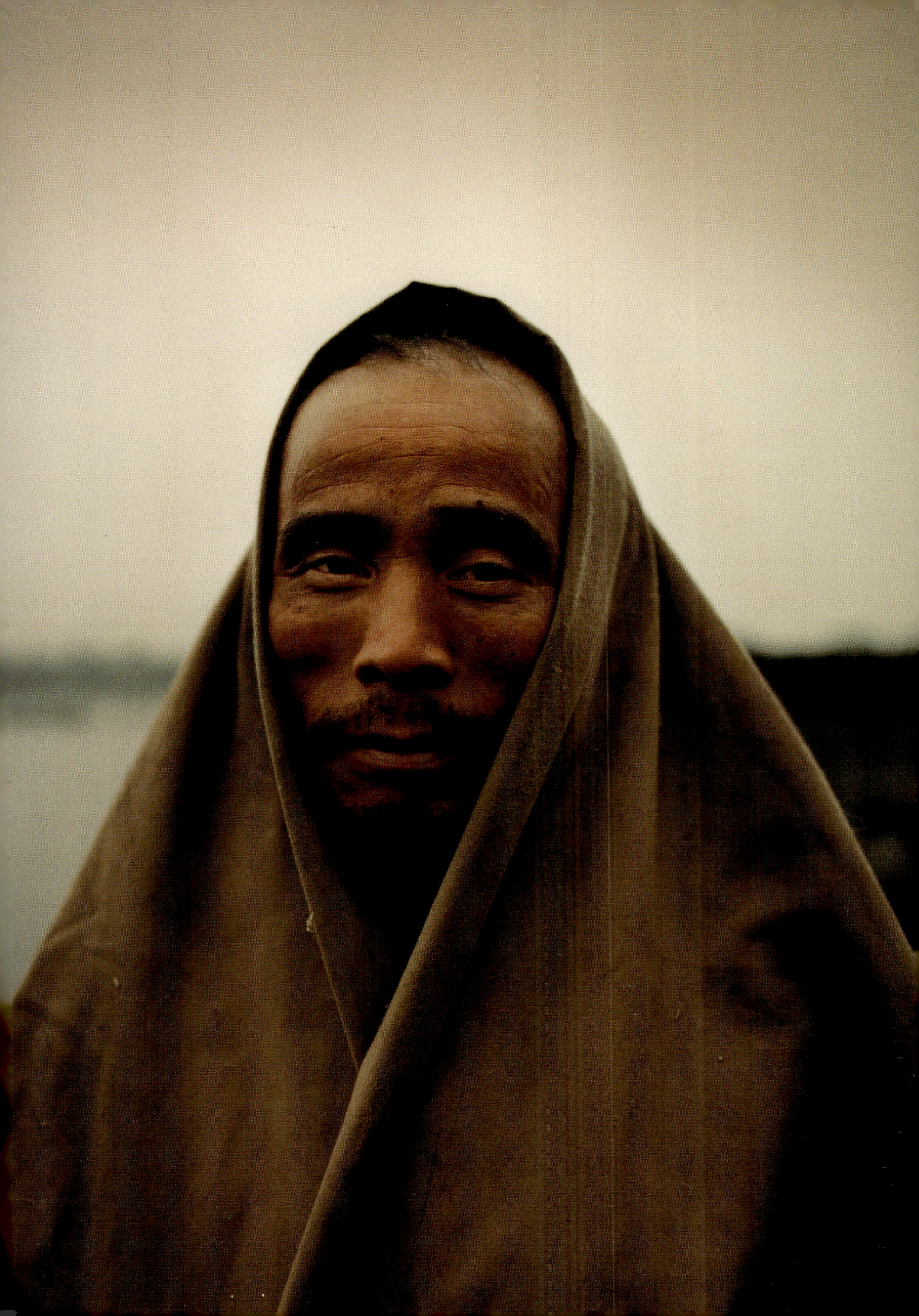

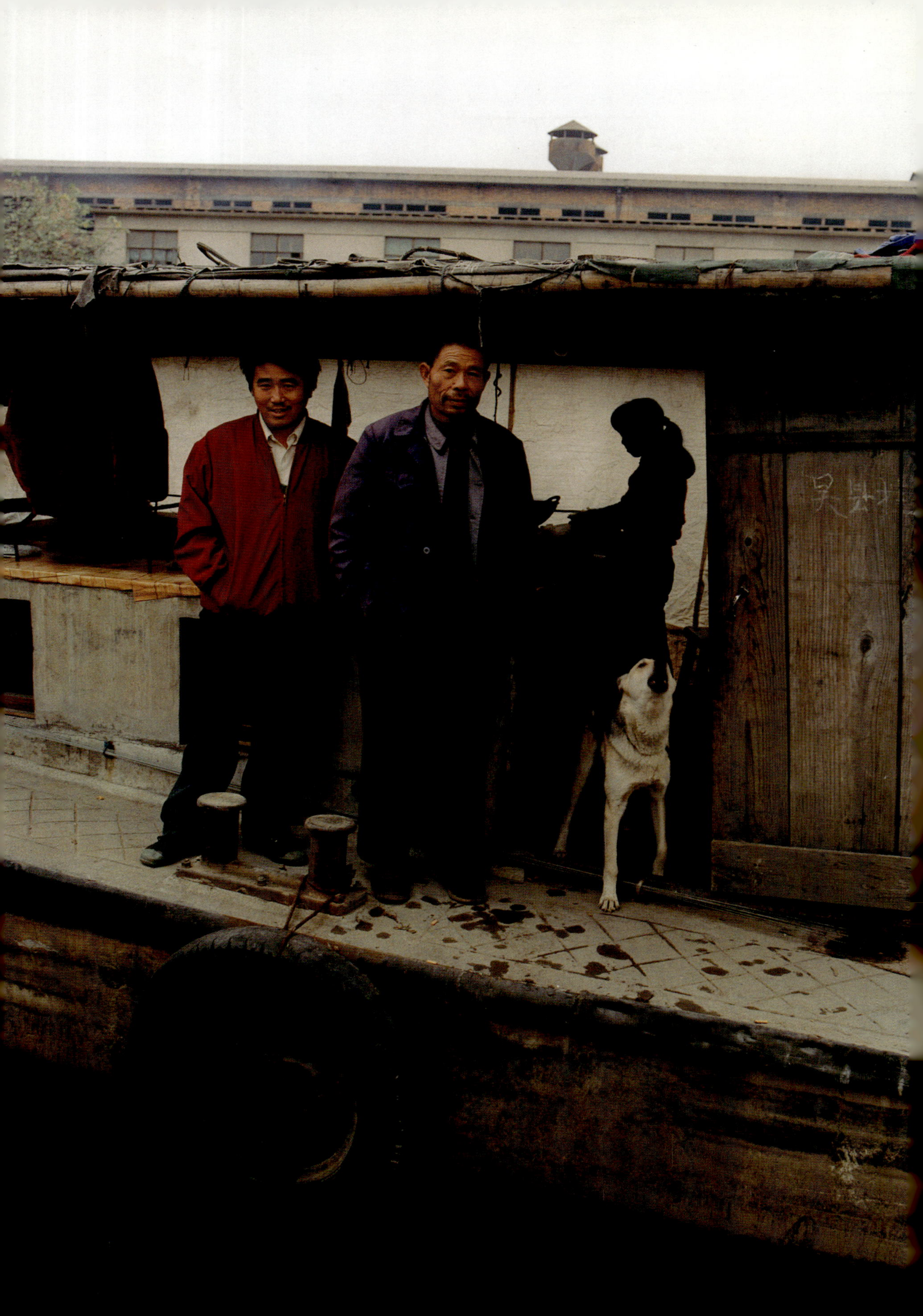

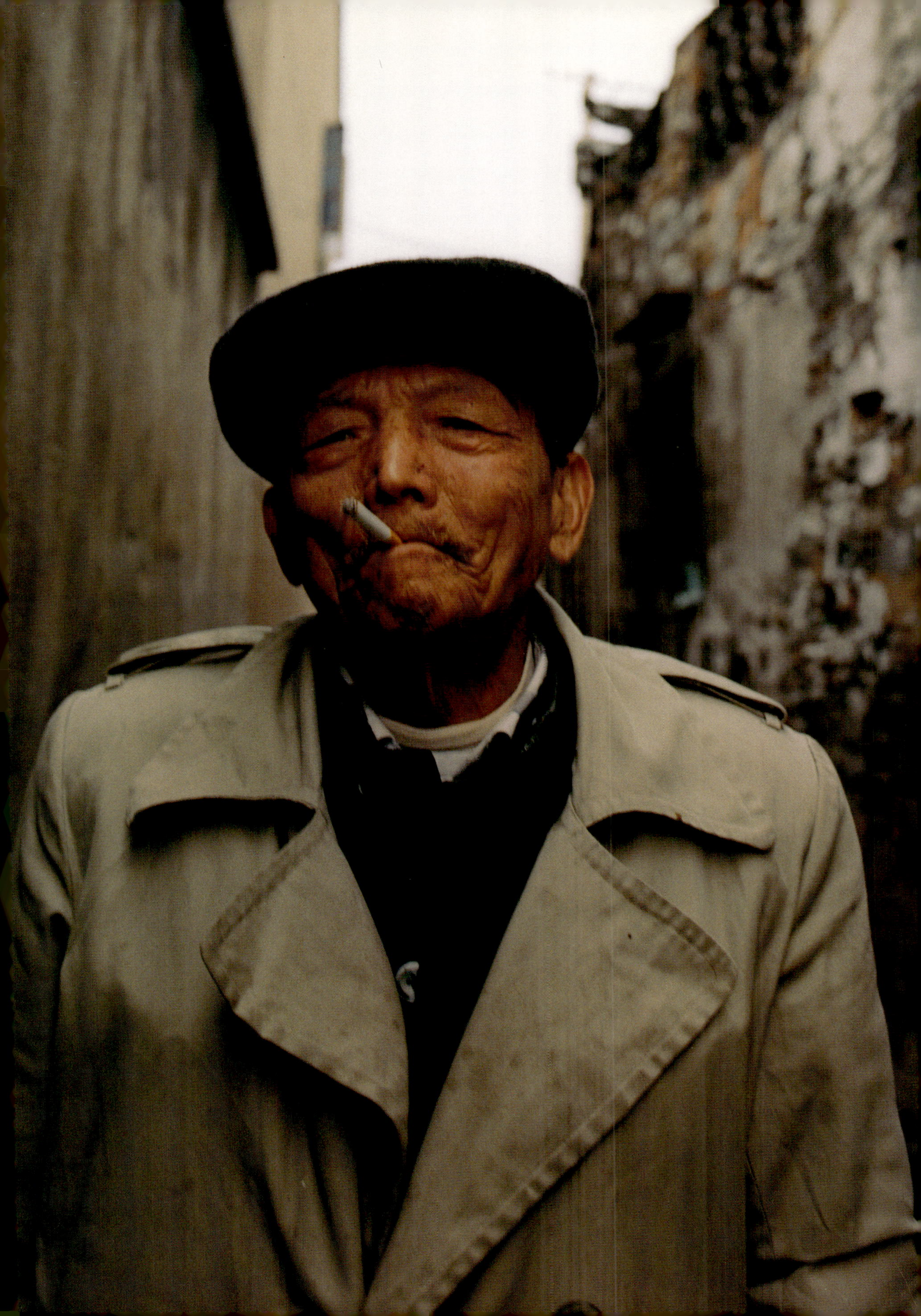

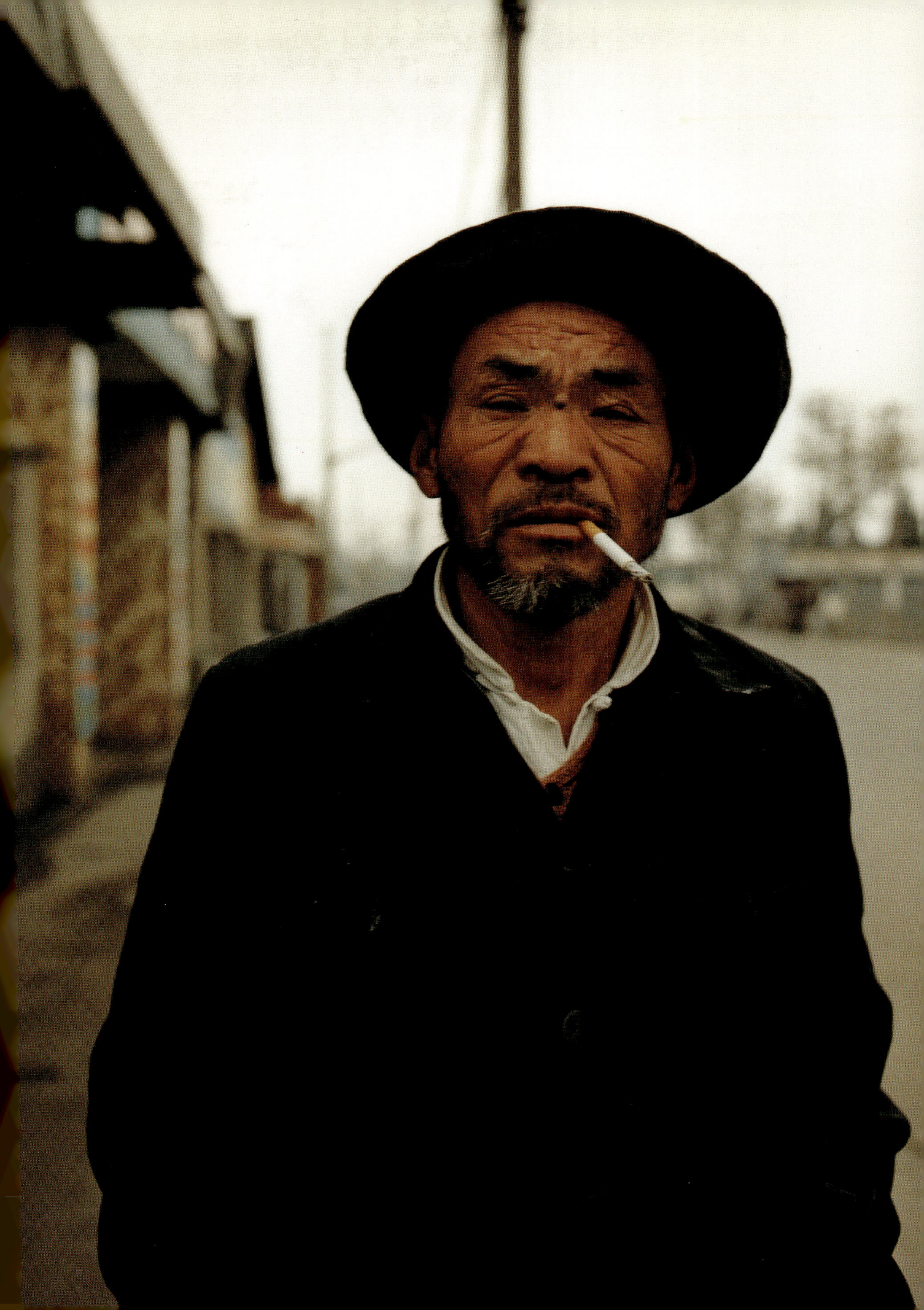

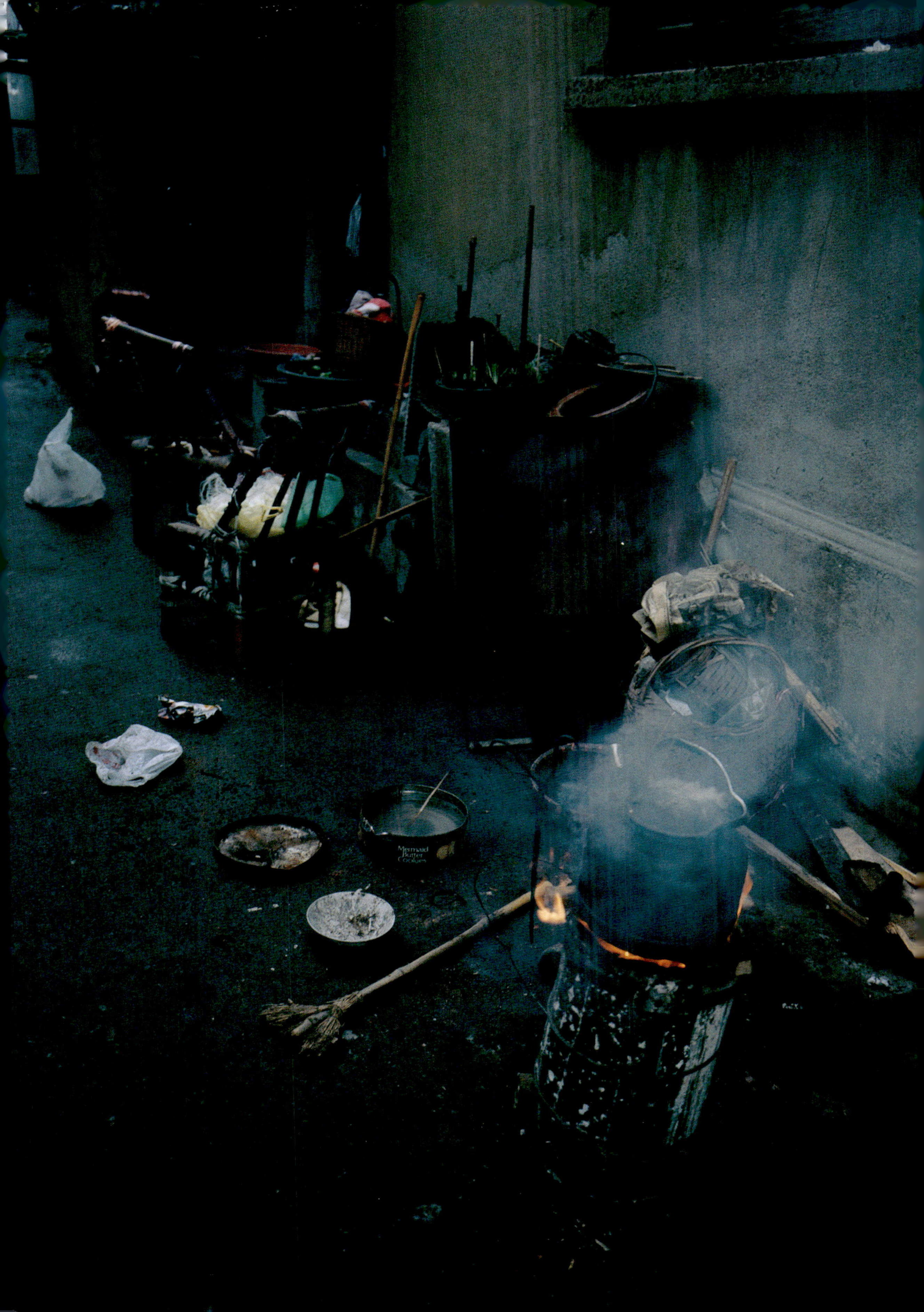

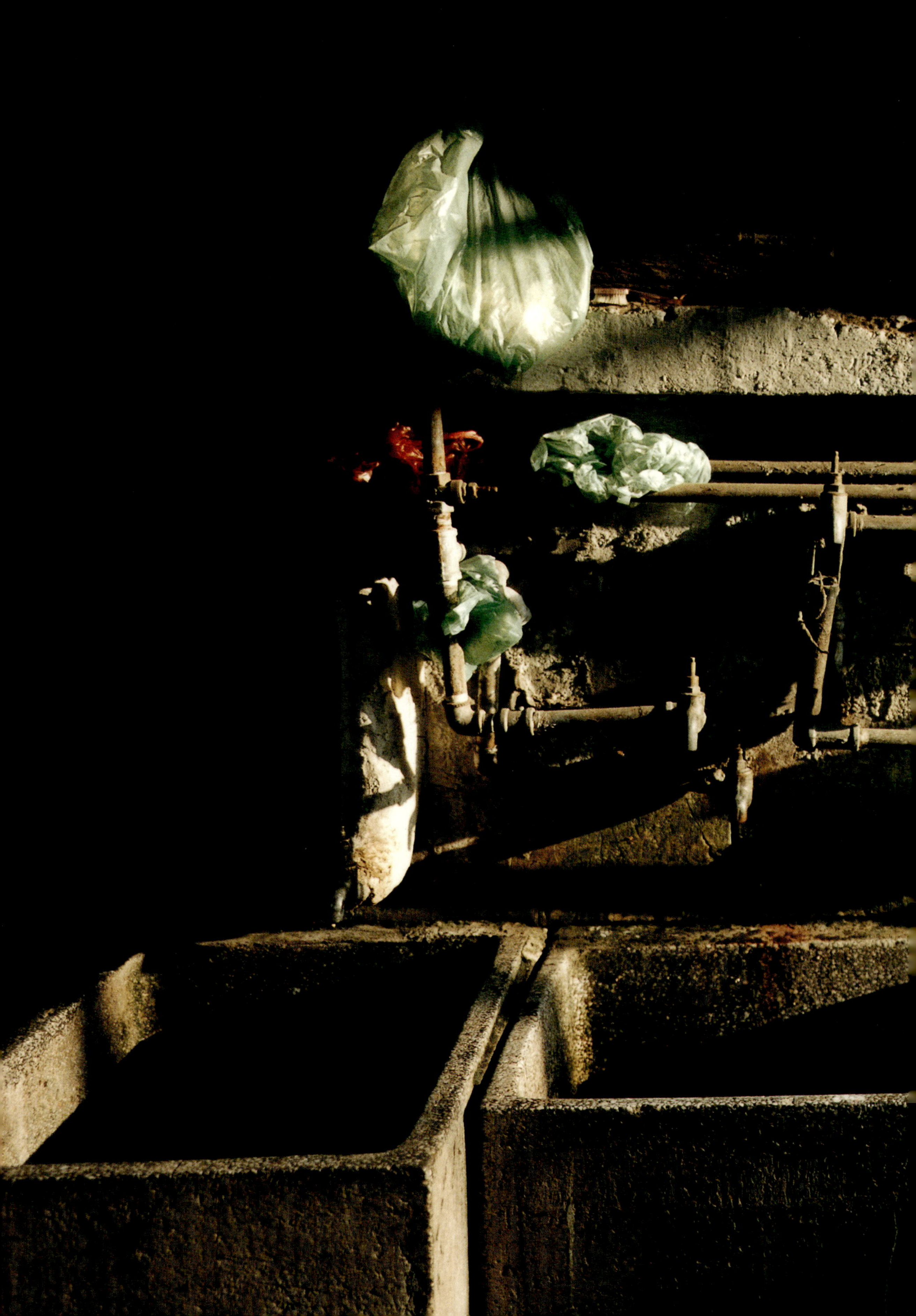

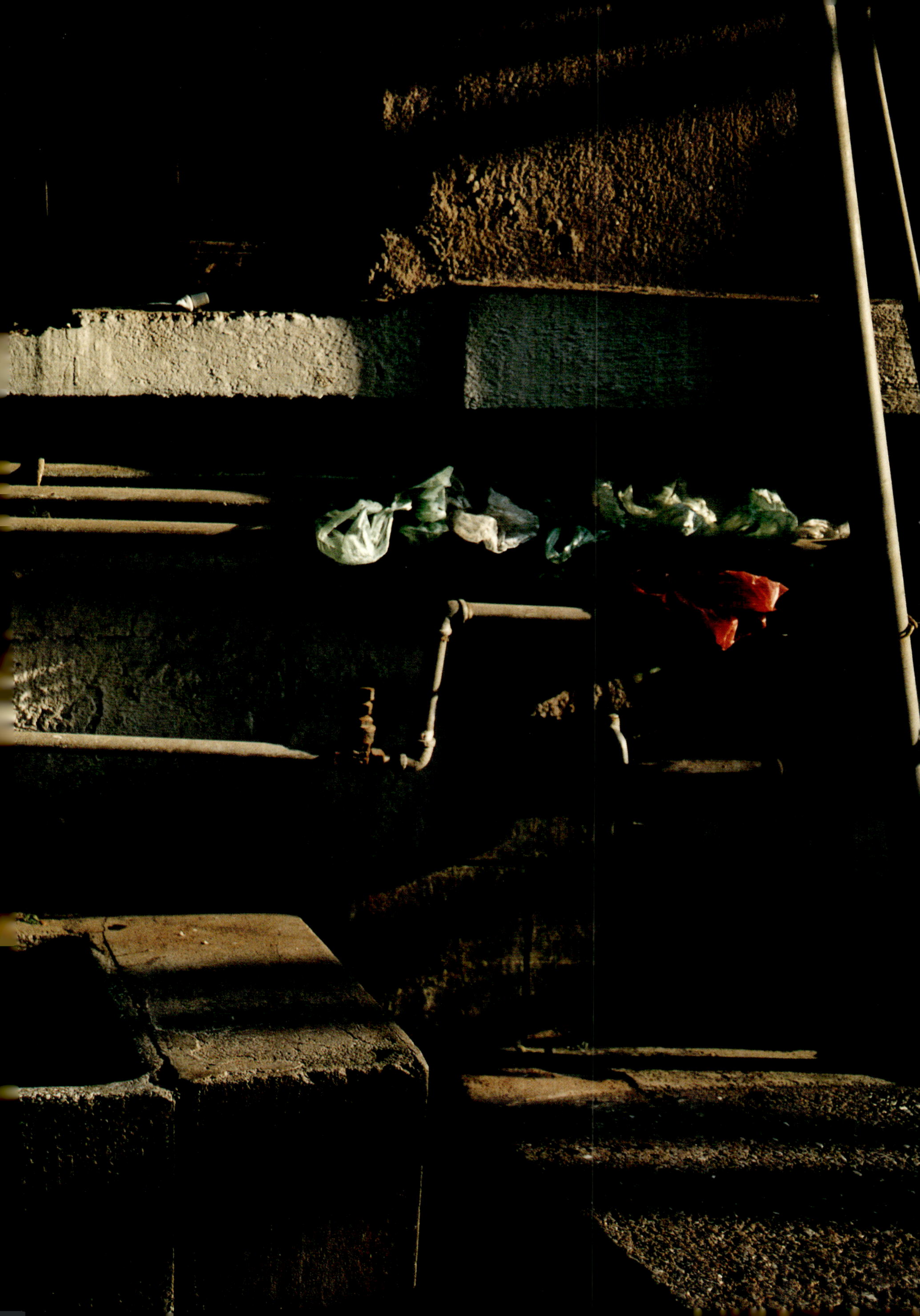

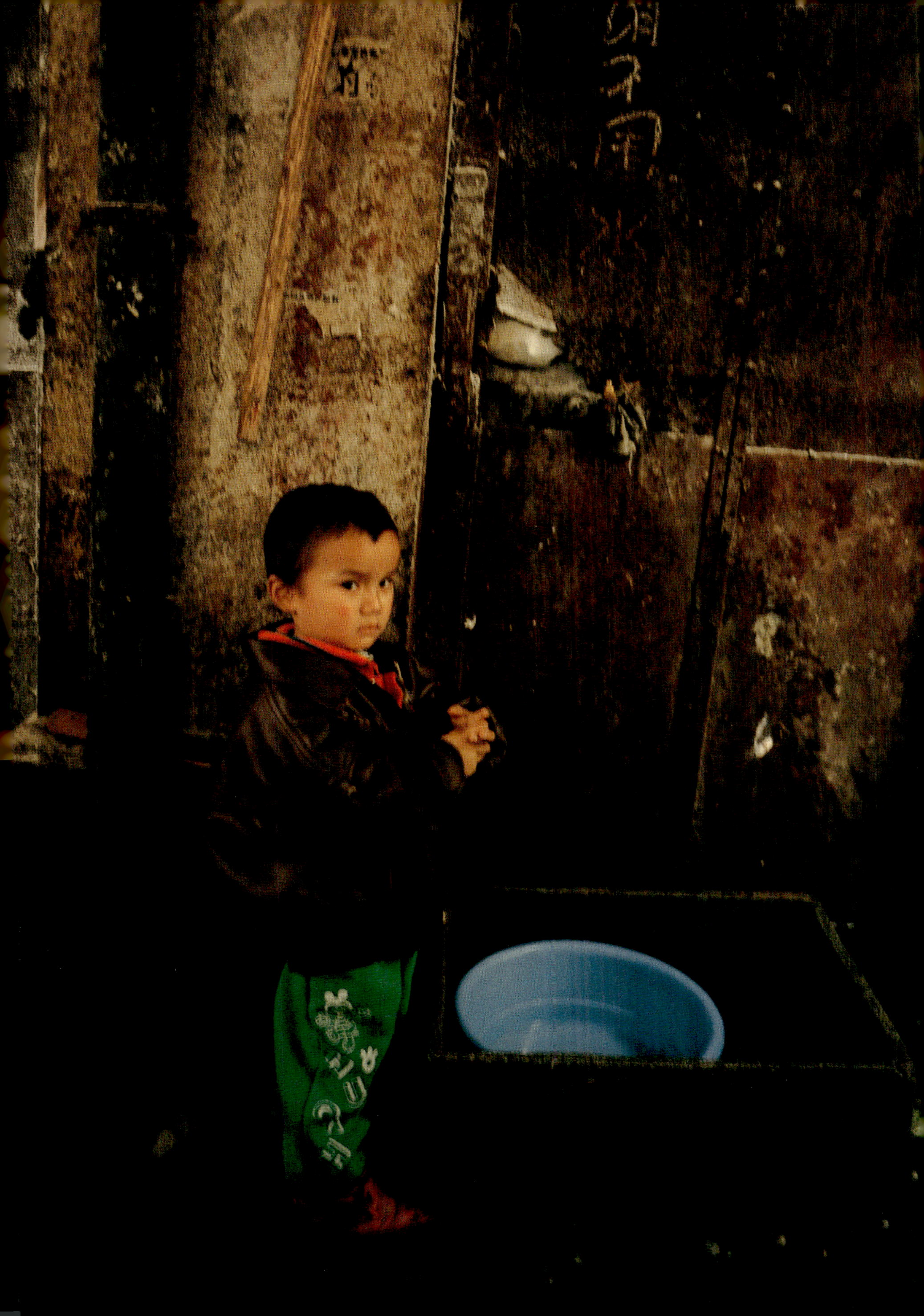

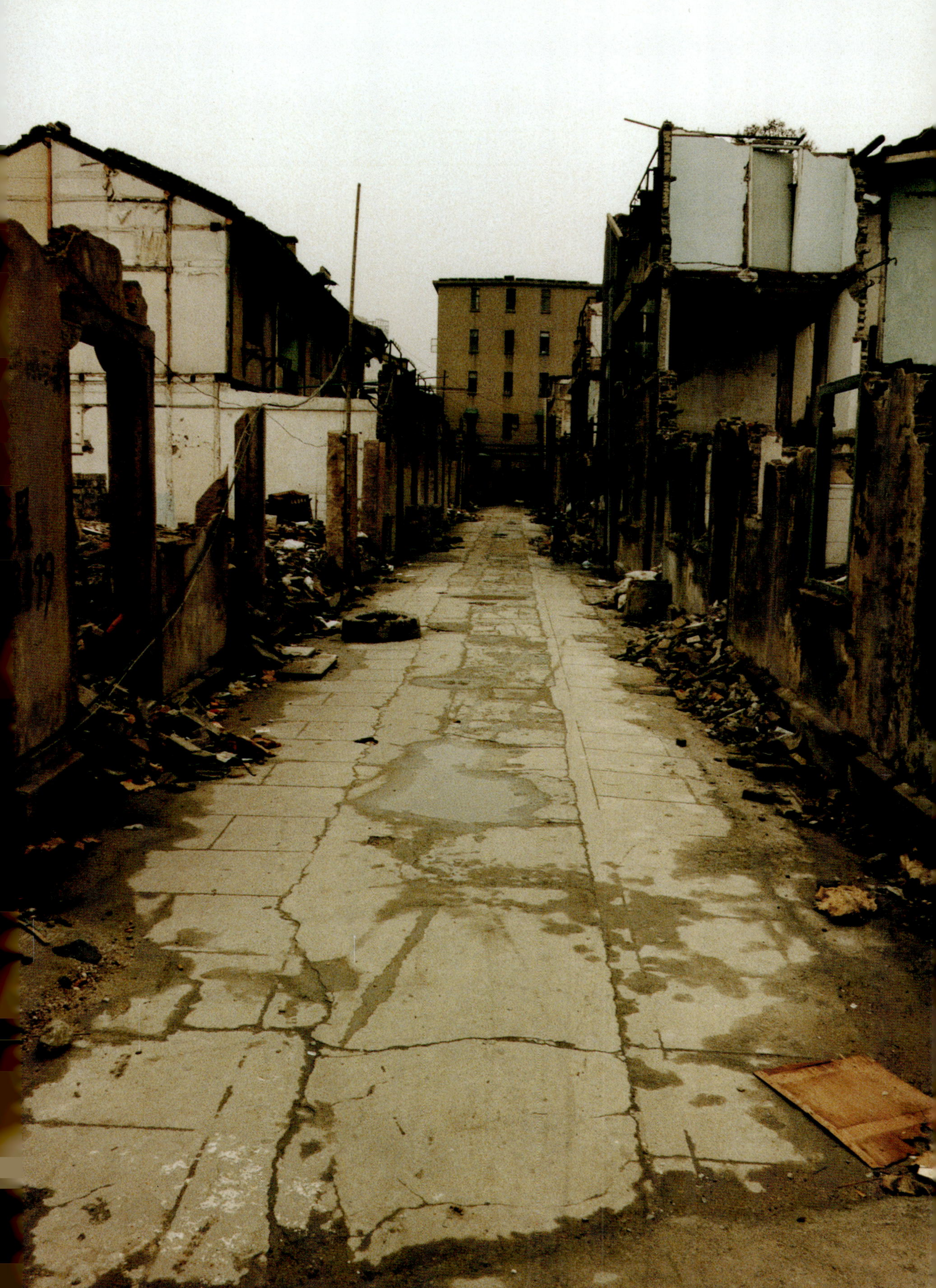

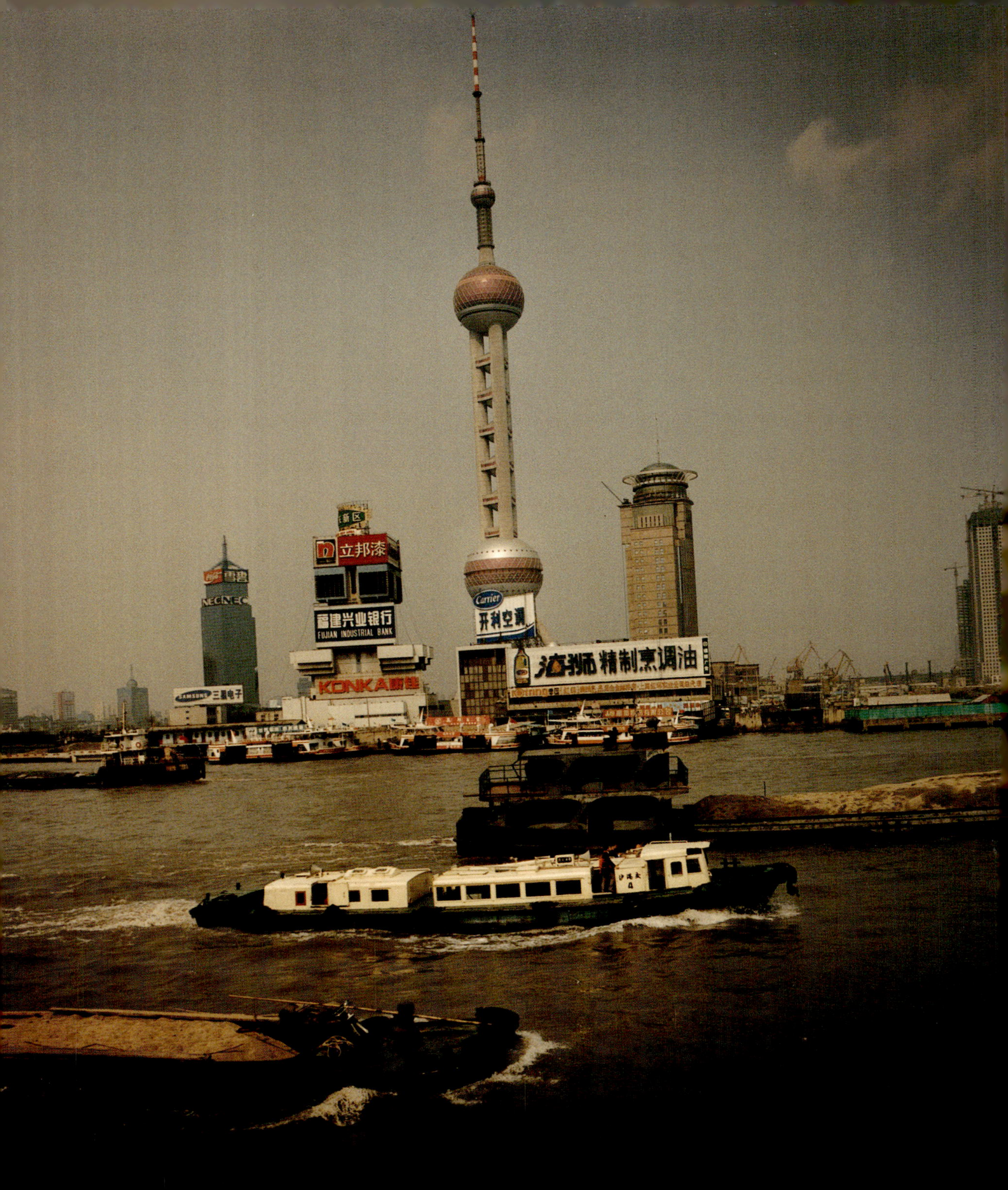
NEC
立邦漆
福建兴业银行
FUJIAN INDUSTRIAL BANK
KONKA
SAMSUNG 三星电子
Carrier
开利空调
精制烹调油

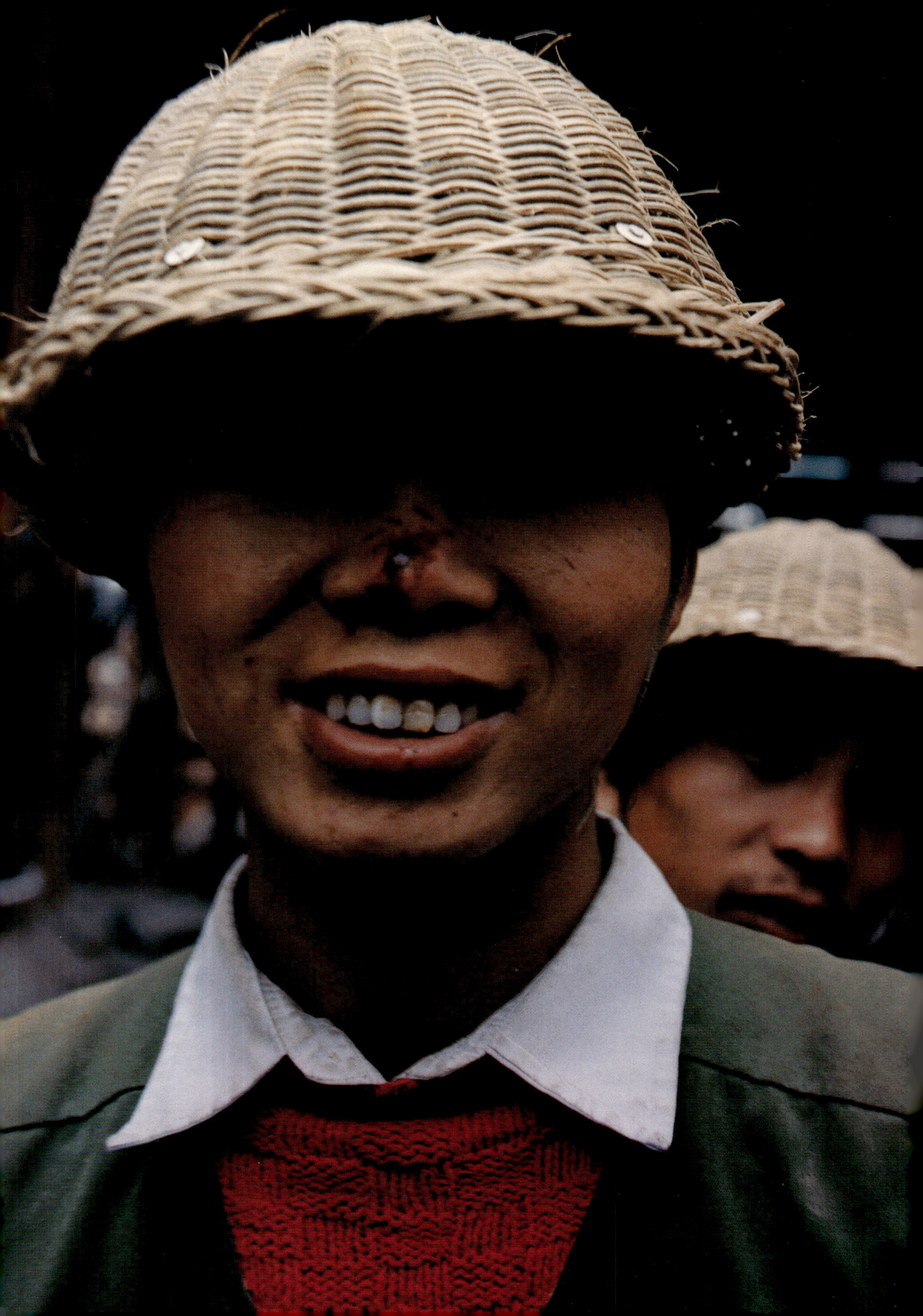

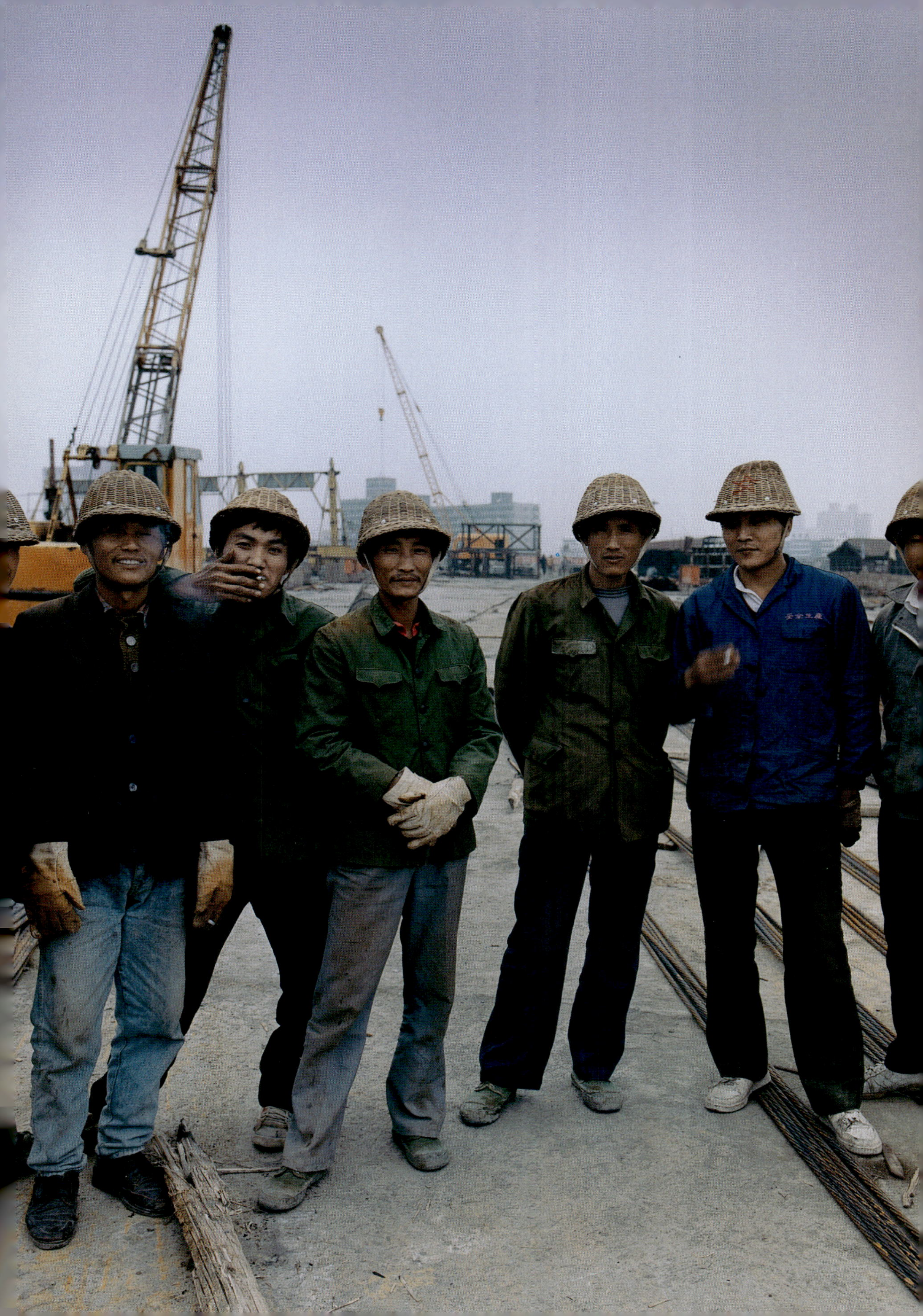

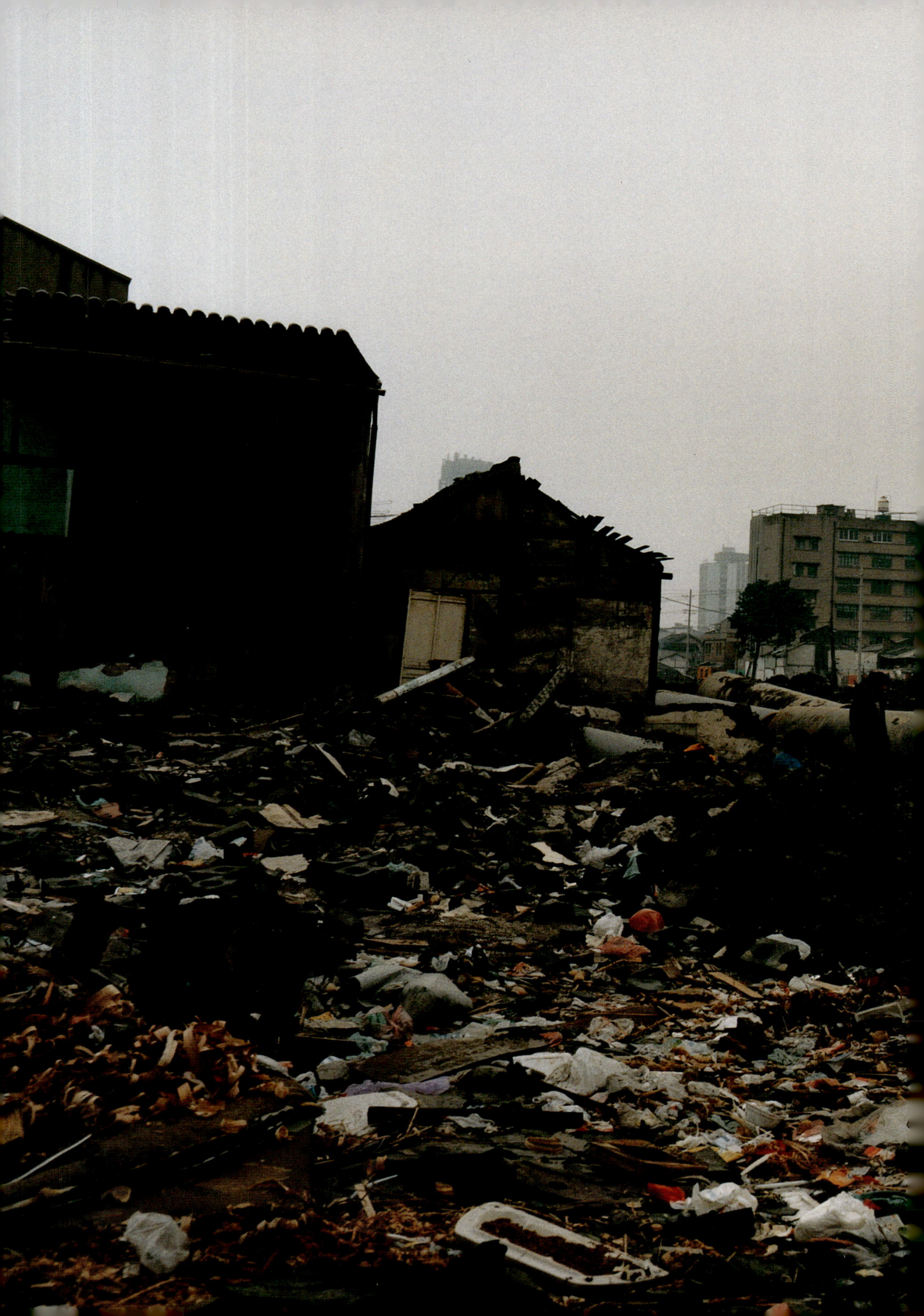

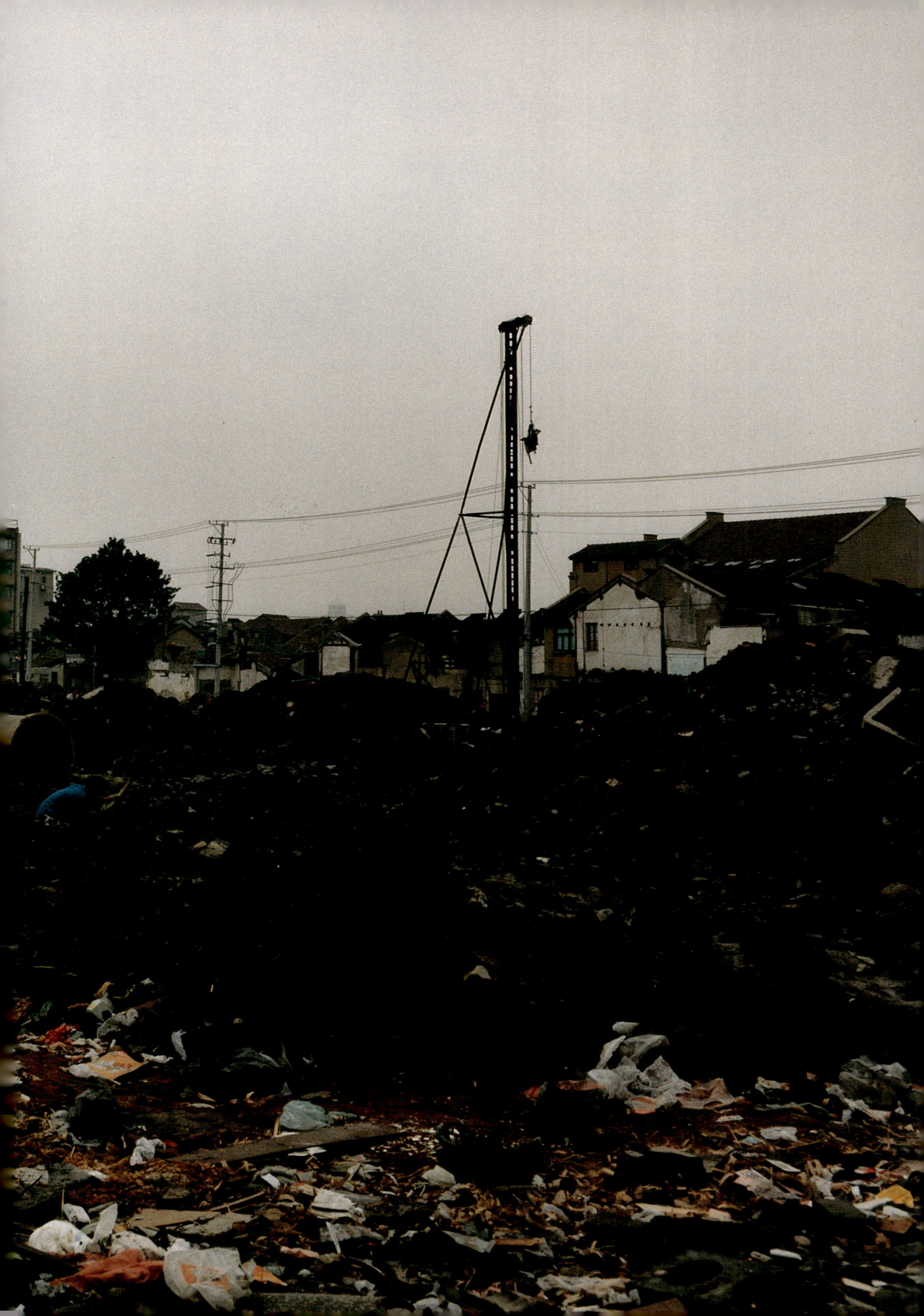

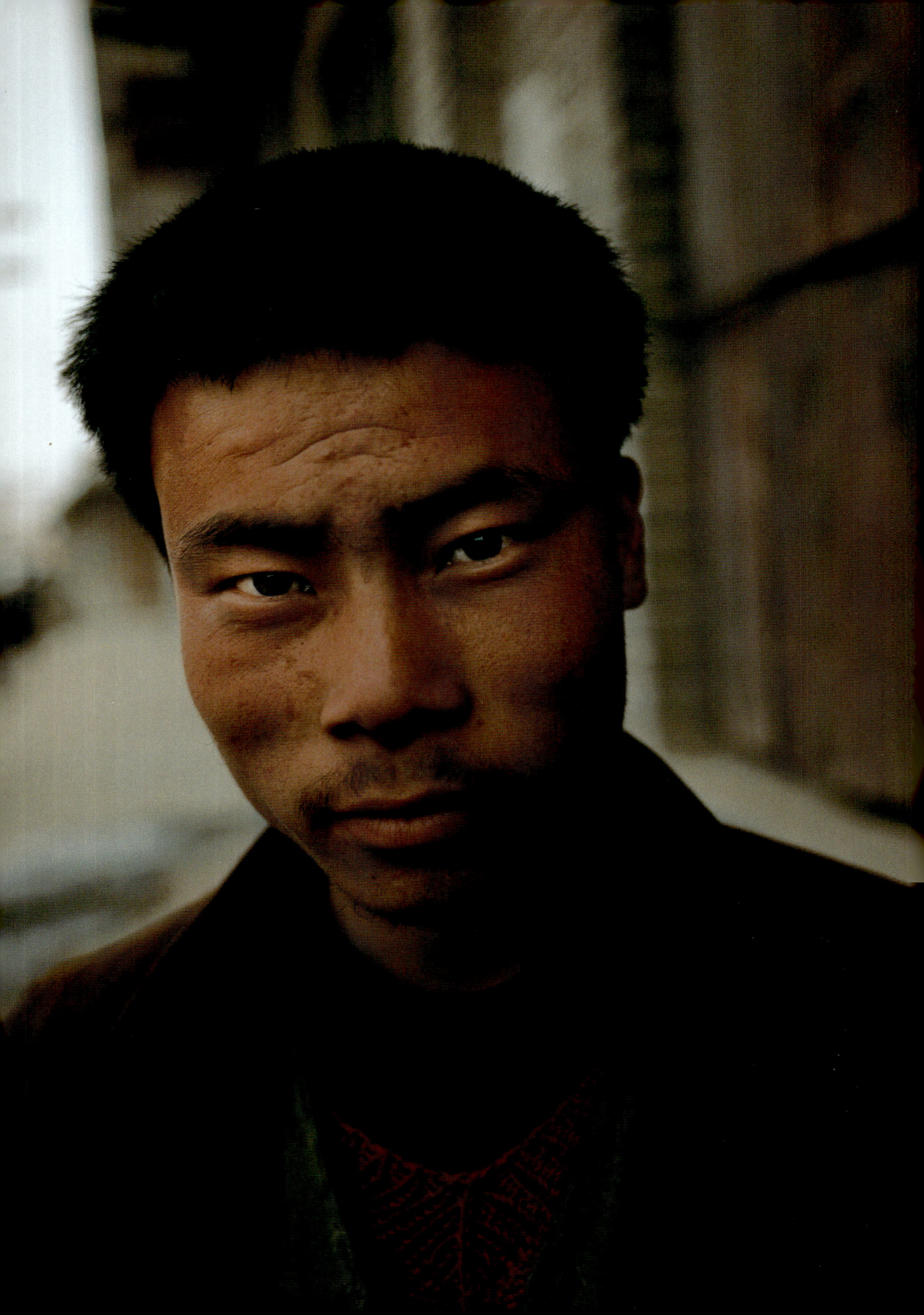

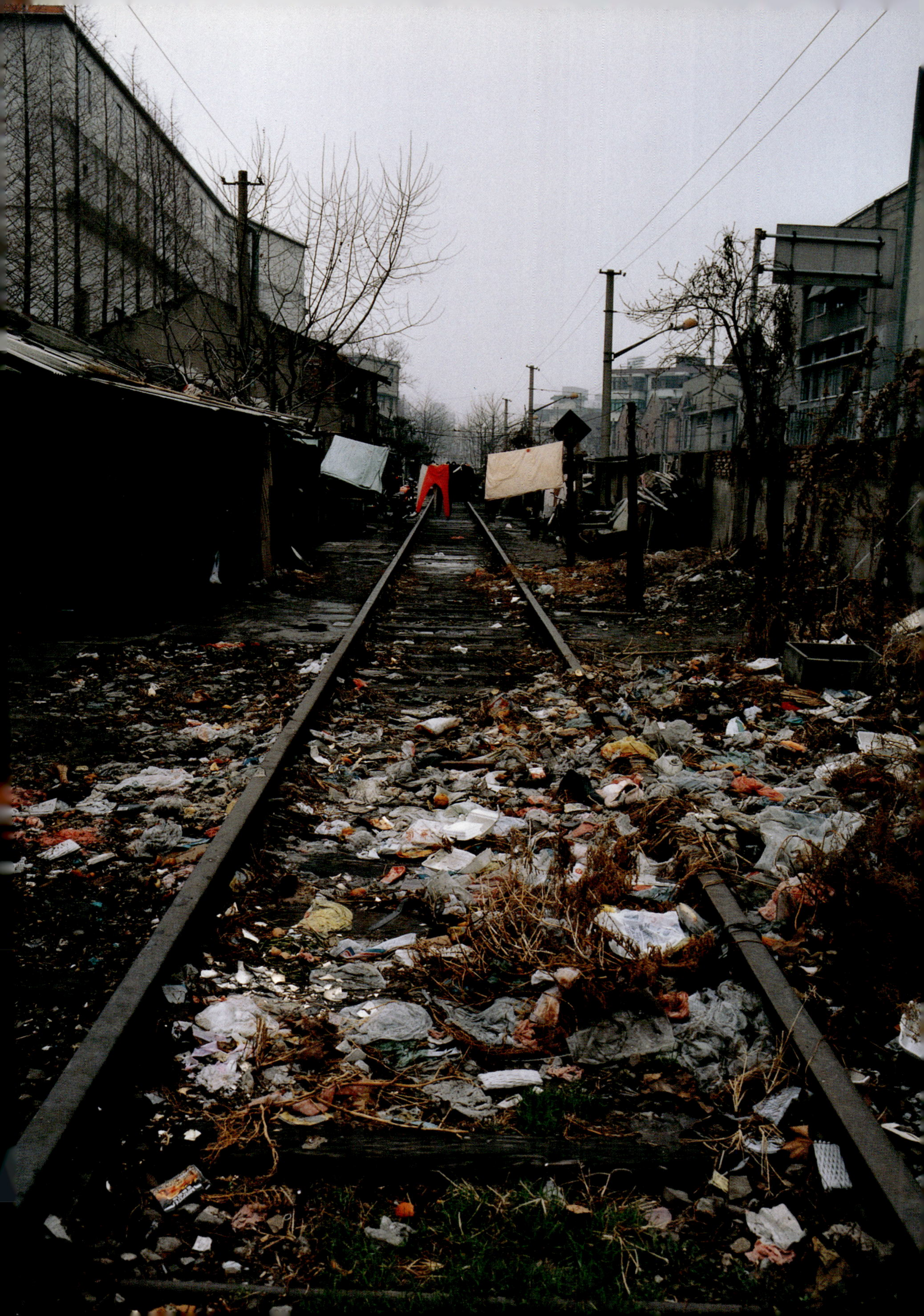

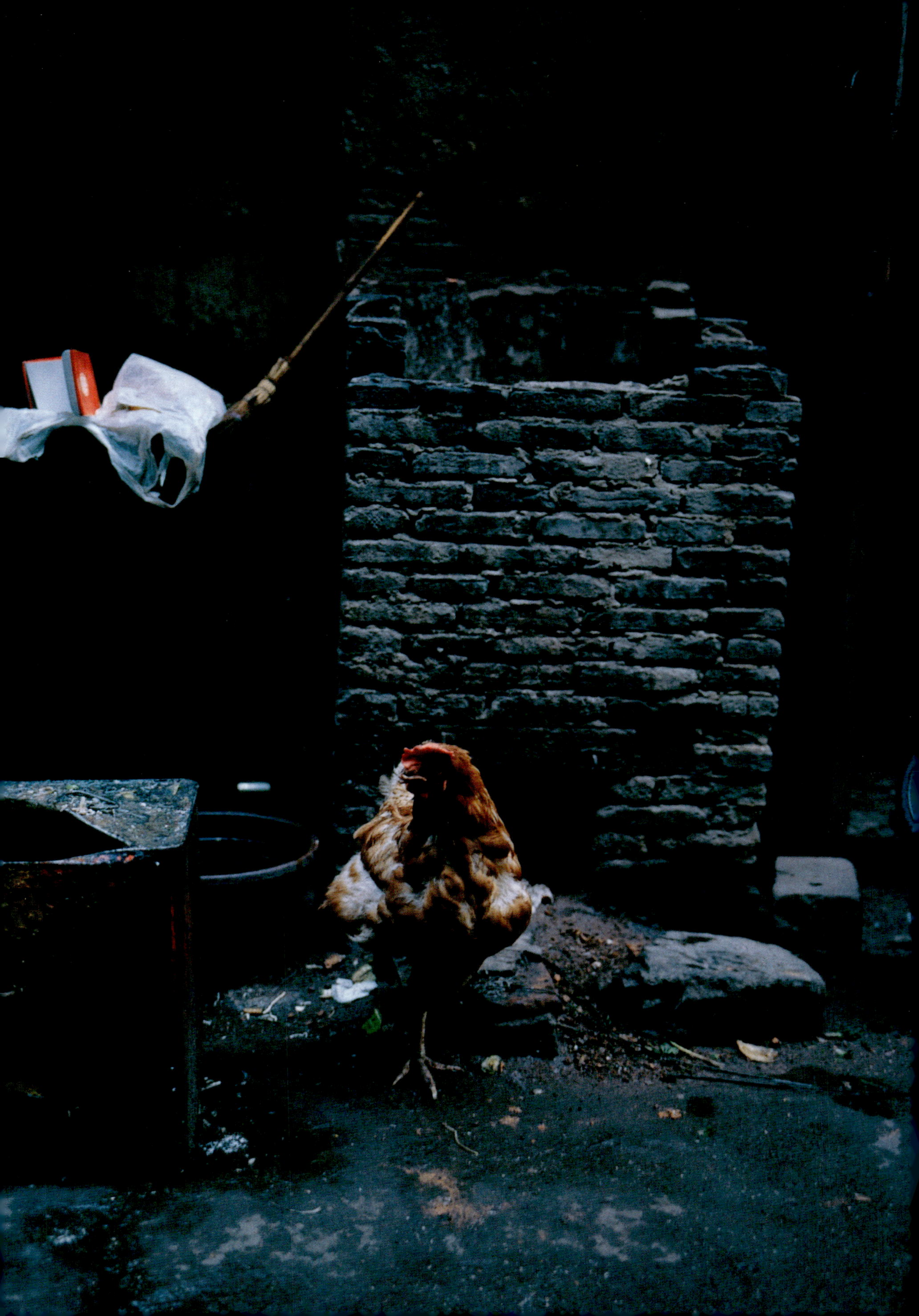

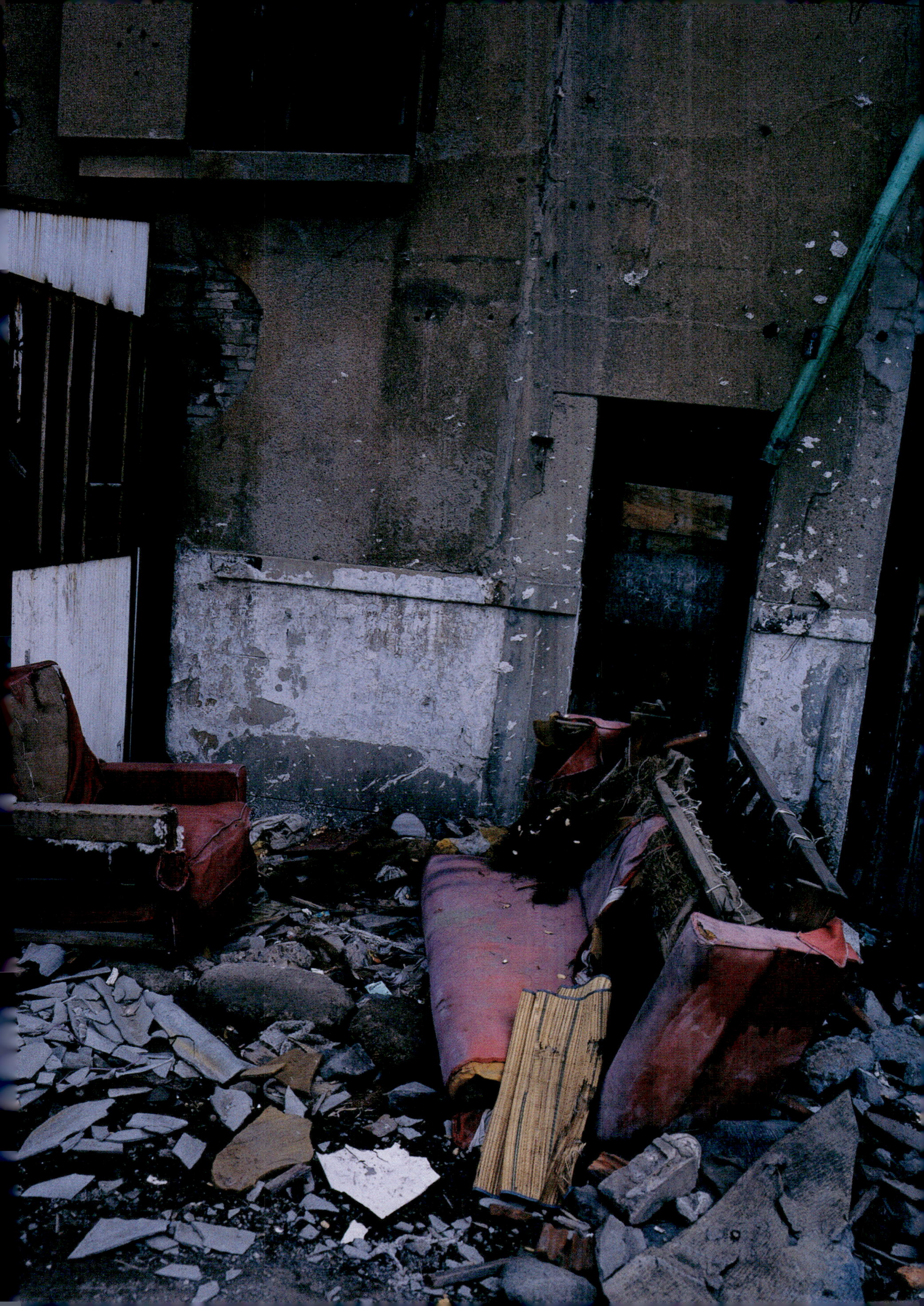

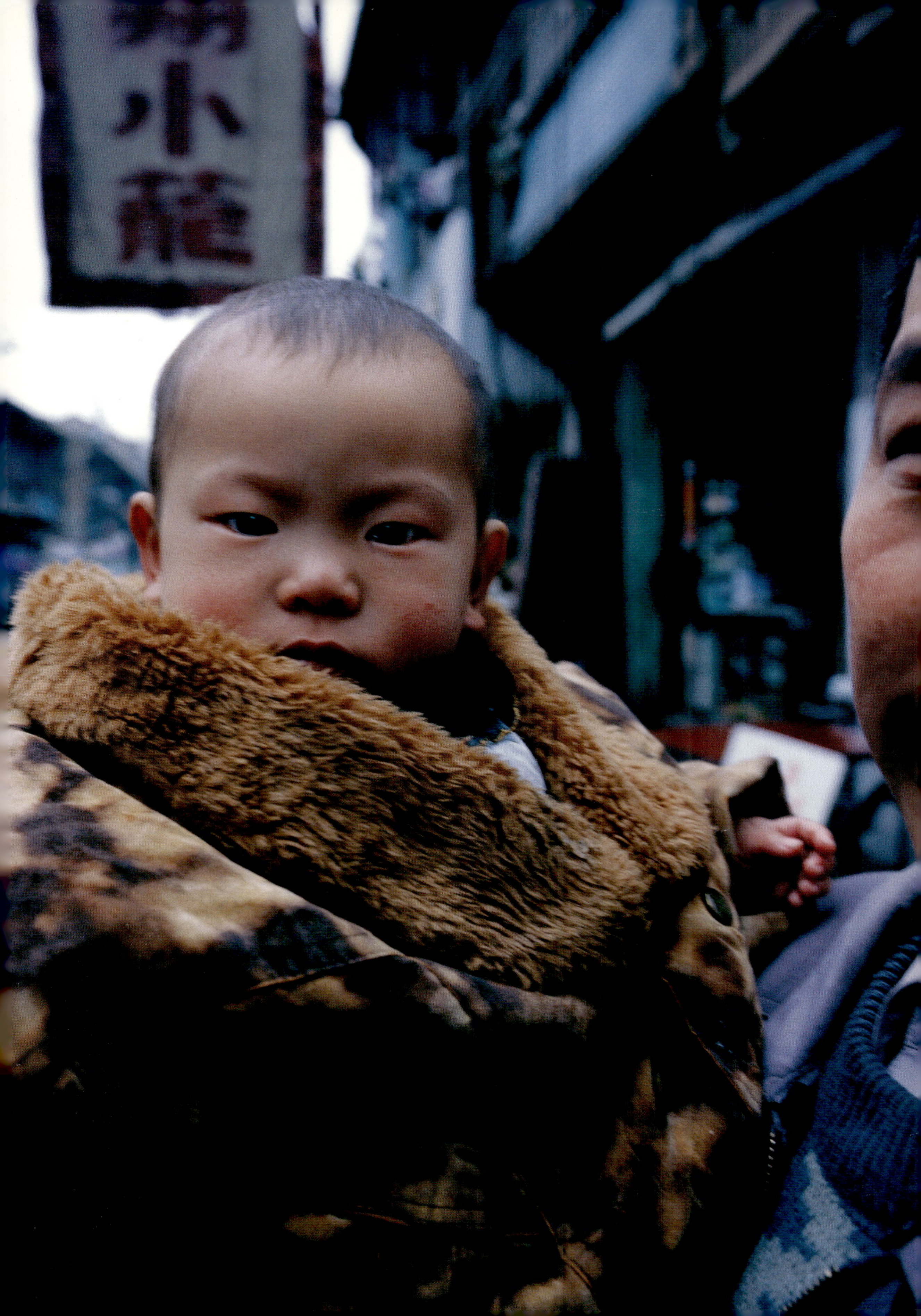

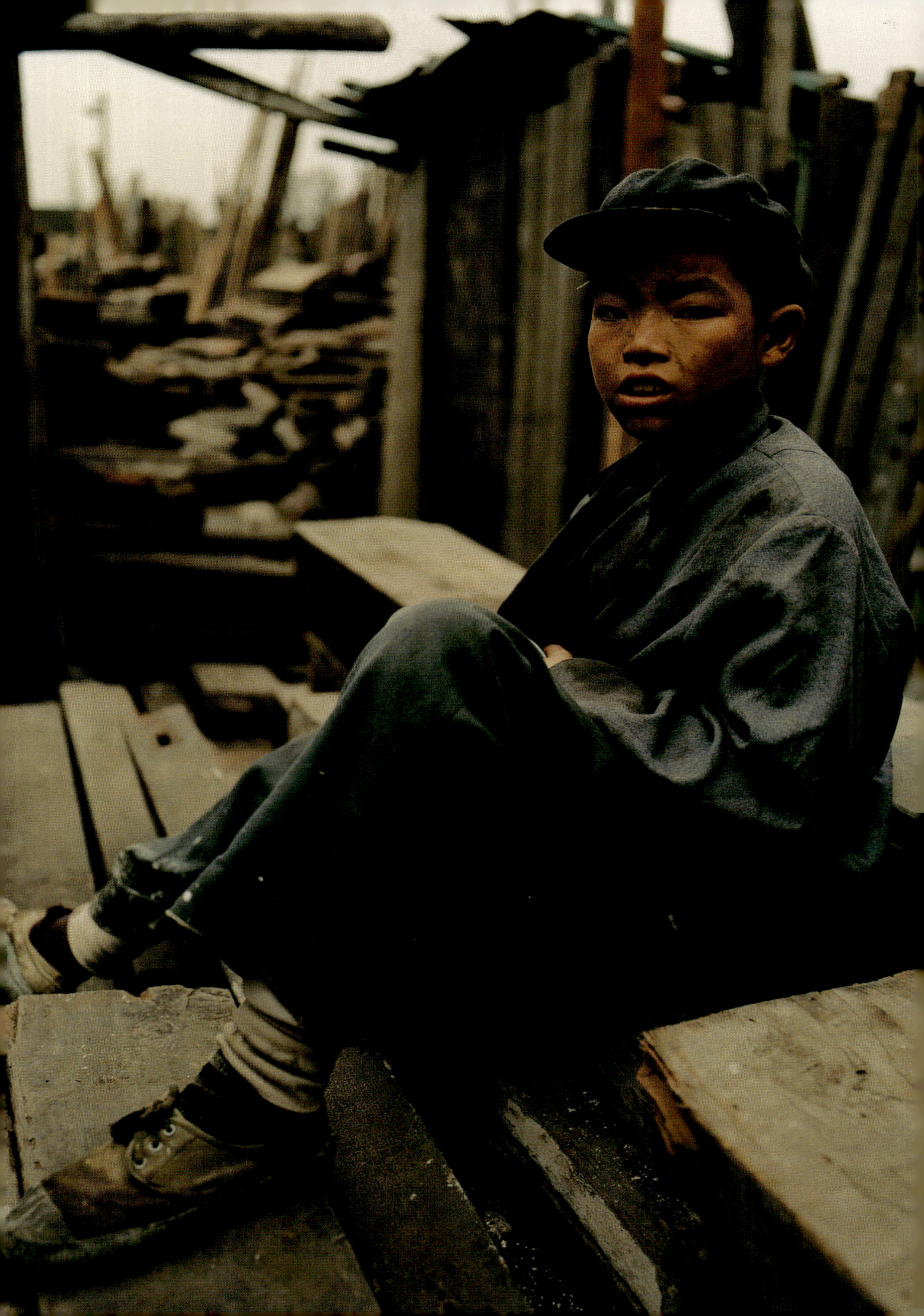

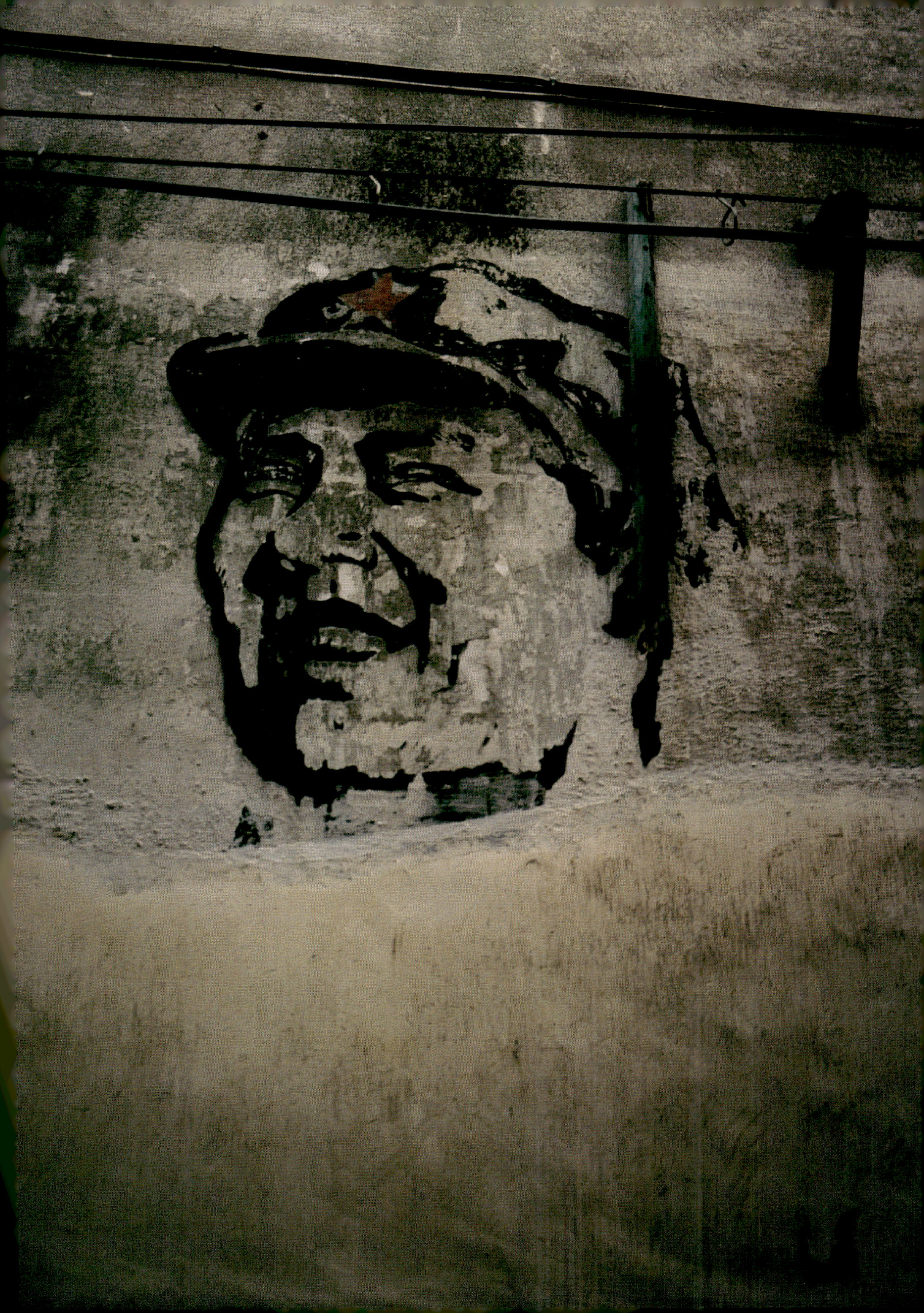

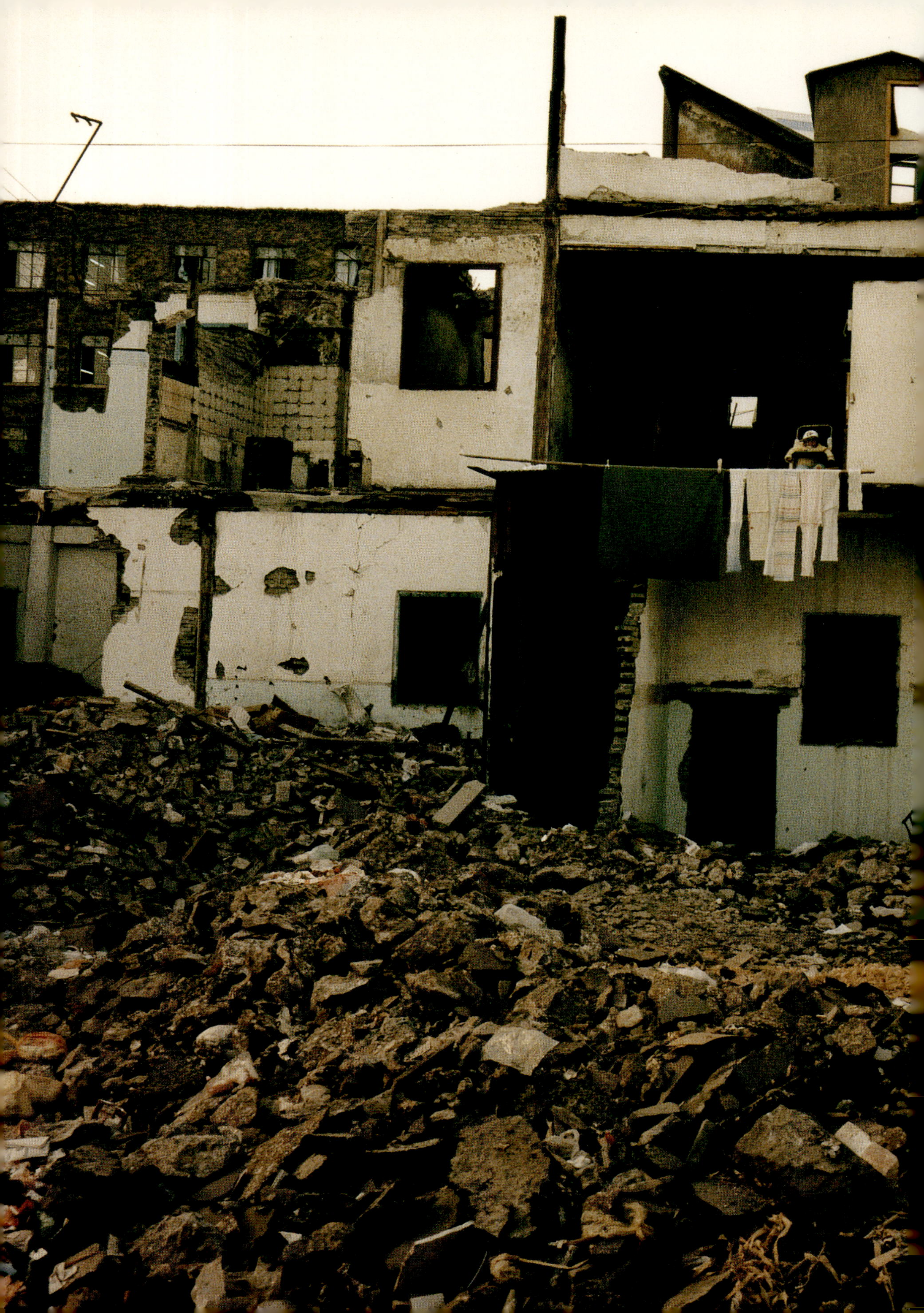

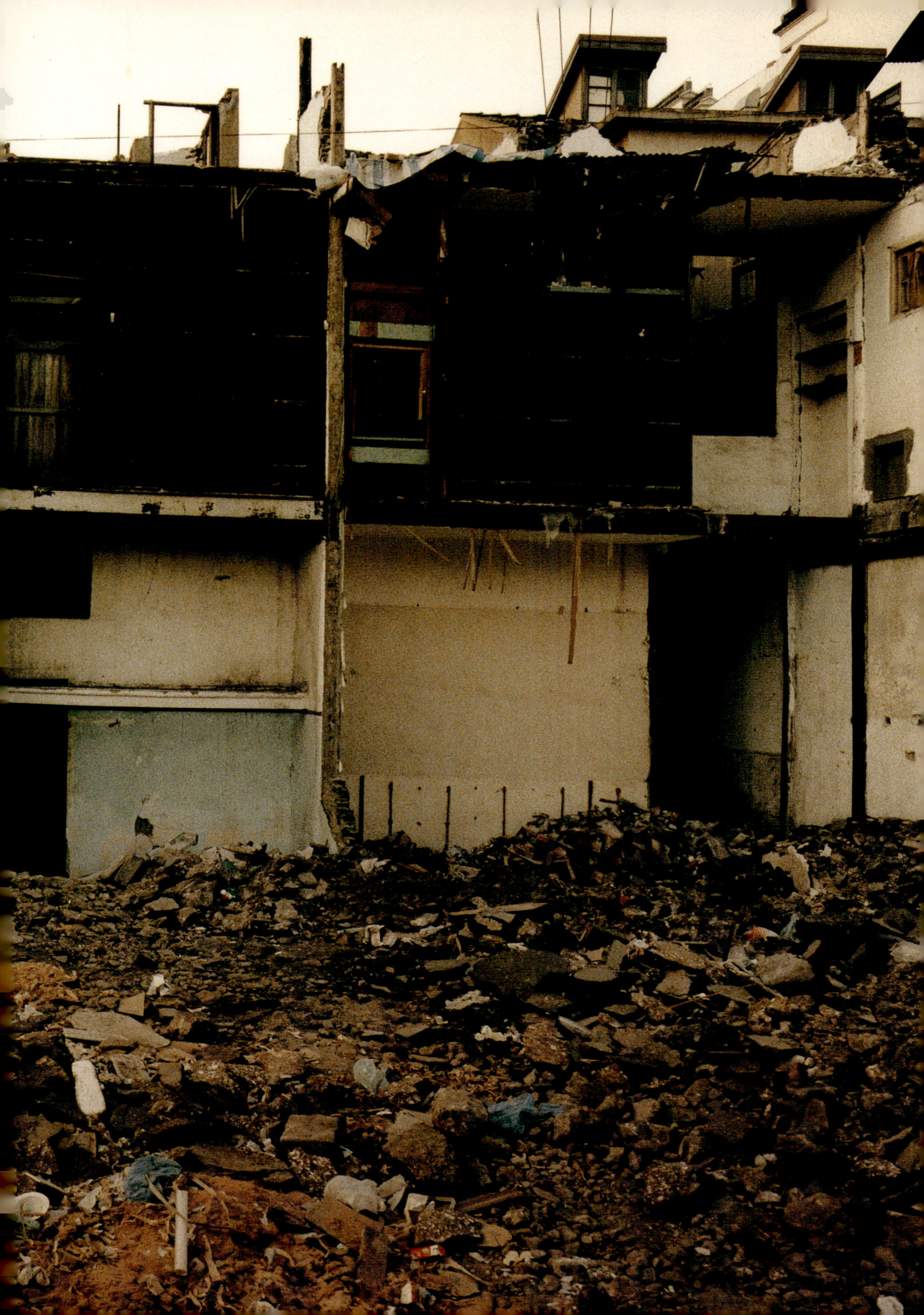

撮影後記

高層ビルの狭間の路地裏の人家や市場は土埃や泥、
動物やあふれかえる食べ物の匂いが混在している。
その一種、殺伐とした中で、何事もないかのように
暮らす人達。暗く、狭い煉瓦造りの家にはテレビ、
冷蔵庫、クーラーをそろえているのだが、トイレも
水道も家の中にはない。夜のトイレは面倒だから、
いってみれば「おまる」のような壺を備えていて、
毎朝、回収人に手渡すという。なんという、不可思
議な生活。市場をふらふらしてみると、そこはまた
「生命のカオス」とでも言おうか、生きている鶏の
横にボイルされた鶏が並び、その上の軒先にはオム
ツやモップが吊るされ、干されている。隣のラーメ
ン屋の玄関先にはペットの猫が紐にくくられ、目脂
だらけで鳴いている。その向かいの餃子屋では、赤
ん坊が通りをめがけてオシッコをしている。
滑稽ともいえるこれらの光景が、なぜか笑えないの
は、そこに生きる人達の目が鋭く、強いせいである。
この路地裏もまた、今は大都会なのだ。
そそり立つビルや玩具のようなテレビ塔に囲まれ、
それを見上げるたびに「こうしちゃいられない、次
はビデオを買わなきゃ」とせかされるのだ。
夕暮れの空には見上げれば、鳥が群れをなし飛び、
美しい黄金色になろうとしているのに……。
上海人は何を夢みて、どこへゆくのだろう。

斎門富士男

上海の旅

上海には初めて行った。月の光りが闇夜を微かに照らす街をそぞろ歩くチャイナドレスの女たちや、東洋の深い瞳の色をした男たちが酒場にたむろしている姿を以前から思い描いていた。

もちろん現実はいつも私を裏切る。埃と河の臭気が漂い、人間はとても足早に歩き、押し倒されそうになったり、ぼんやりしていてバイクに引き摺られたりした。吸い込まれそうな虹色の小さなアンティークの瓶を買おうとしたら、日本人と見るや3倍の値段をふっかけてきた、目つきの悪い男もいる。プロの少年スリにも会った。安い食堂で毎朝、ワンタンを食べてはお腹をこわしたりもした。

それでも私は上海がとても好きになった。

何日か滞在しているうちに、その雑多でたくましい人達や街は変な居心地の良さを感じさせてくれるのだ。特に、霧降る夜は、虹色のイルミネーションや街角のテレビジョンも色を失い、地面をこする自転車の音はかすれ、時空を超えた場所を旅してるように思える。その中をクラゲのようにいつまでも、いつまでも漂うと、生まれ、生きている切なさも彼方に吸い込まれ、心はしっとりと落ち着くのだった。上海がこれからすさまじい変貌をとげるであろうことは容易に想像できるが、霧の夜だけは一瞬にしてすべてを掻き消すだろう。

斎門椋子

この写真集の制作にあたりご協力下さった
すべての方々に感謝致します。

石川順一（株式会社平凡社 太陽編集部）

日下部行洋（株式会社平凡社 太陽編集部）

徐静波

松崎佐和（光琳社出版株式会社）

株式会社イーストウエスト

藤本工業株式会社

表紙＆文字ページデザイン
大溝　裕

プリンティングディレクター
高橋秀基（凸版印刷株式会社）

アカウントエグゼクティブ
小山泰彦（凸版印刷株式会社）

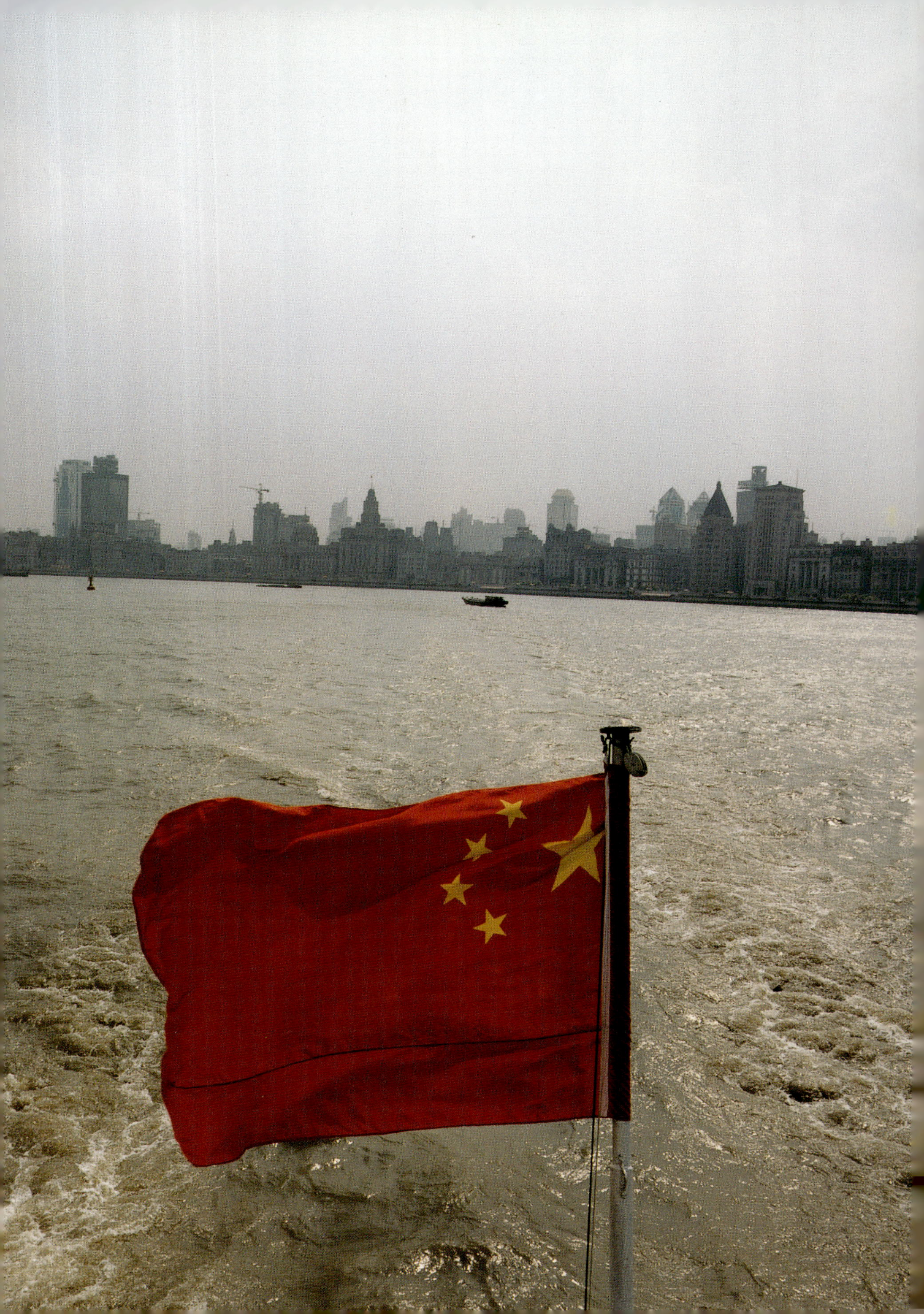

Shanghai・Jin
斎門富士男写真集

発行日　1997年10月4日
著者　斎門富士男
アートディレクション　斎門椋子

発行者　中島厚秀
発行所　光琳社出版株式会社
　　　　〒602 京都市上京区誓願寺通油小路東入ル
　　　　TEL.075-441-6793　FAX.075-441-9095
　　　　編集／東京青山OFFICE
　　　　〒150 東京都渋谷区神宮前5-51-6 テラアシオス青山7F
　　　　TEL.03-3406-7950　FAX.03-3406-7955
　　　　販売部／京都本社　TEL.075-441-6793
　　　　　東京青山OFFICE　TEL.03-3406-7950

印刷・製本　凸版印刷株式会社

定価　本体　4,500円　（税別）

ISBN4-7713-0267-7　C0072　¥4500E

Shanghai・Jin
Copylighted by Saimon Fujio
Art direction by Saimon Ryoko

Published by Korinsha Press & Co., Ltd.
Kyoto Head Office
East of Aburanokoji, Motoseiganji-st. Kamigyo-ku, Kyoto 602, Japan
Tel. 81.75.441.6793　Fax. 81.75.415.0059
Toyko Aoyama Branch
Terra asios Acyama 7F, 5-51-6 Jingumae, Shibuya-ku, Tokyo, 150, Japan
Tel. 81.3.3406.7950　Fax. 81.3.3406.7955
Pubulisher is Atsuhide Nakajima
Printed and bound in Japan by Toppan Printing Co., Ltd.

First Edition " 4 October 1997

ISBN4-7713-0267-7